아이와 함께 성장하는 부모 대화법

아이는 커 가는데
부모는 똑같은 말만 한다

아이와 함께 성장하는 부모 대화법

아이는 커 가는데
부모는 똑같은 말만 한다

이임숙 지음

팜파스

말대로 크는 아이들

"예쁘고 튼튼하게 자라라. 늘 웃는 행복한 아이가 되렴. 엄마 아빠가 든든하게 지켜 줄게. 영원히 널 사랑해."

방금 태어난 아기를 안고 사랑스러운 미소로 아기를 바라보며 했던 소중한 말들입니다. 태어난 아기에게 했던 말들은 아이를 키우는 내내 해야 하는 말이겠지요. 5년 후, 10년 후에도 행복한 마음으로 이 말을 하고 있으면 좋겠습니다. 하지만 대부분의 부모는 너무 빨리 이 말을 잊어버리고 맙니다. 그리고 다른 말을 합니다. 다른 아이와 비교하고 더 열심히 하라고 다그치고 윽박지릅니다. 따뜻한 사랑의 말을 할 땐 그렇게 사랑스럽던 아이가 혼내고 다그치니 혼날 행동을 더 합니다. 부모의 말이 달라지니 아이도 달라집니다. 아이가 부족해서, 성격이 나빠서 그런 게 아닙니다. 그렇게 행동하게 만드는 말이 있었기 때문입니다.

공부 잘하고 싶은 아이들, 친구와 잘 지내고 싶은 아이들, 당당하고 씩씩해지고 싶은 아이들을 만나 왔습니다. 아이들은 이 모두를 다 이루고 싶어 합니다. 이런 아이들에게 부모가 할 수 있는 가장 좋은 방법은 좋은 대화입니다. 아이의 힘든 마음을 알아주고 격려해 주는 말, 호기심을 갖고 배울 수 있도록 기회를 주는 말, 스스로 탐구하고 공부할 수 있도록 도와주는 말이 필요합니다. 그래서 아이가 성장하고 아이의 세계도 클 수 있게 도와주면 좋겠습니다.

이 글은 아이들을 만나 온 20여 년 동안 공부하고 경험하고 다시 연구한 결과입니다. 부모의 말 한마디에 아이들이 얼마나 달라지는지 겪고 깨달은 결과입니다. 아이에게 뭐라고 말해야 할지 모르는 부모, 생각 없이 내뱉은 말 때문에 마음 아파하는 부모를 위한 책입니다. 아이와 행복하게 웃기를 바라고 아이가 멋지게 성장하며 살기를 바라는 부모를 위한 책입니다.

모두 다 하지 않아도 됩니다. 이 정도는 할 수 있겠다 싶은 대화를 2~3일에 한 번만이라도 해 보기 바랍니다. 부모의 따뜻한 말 한마디로 반짝이는 아이의 눈망울을 발견할 수 있을 것입니다.

"어떻게 그렇게 말할 수 있어?"라며 종종 따져 주는 아이들에게
미안함과 고마움과 사랑을 전하며

이임숙

contents

Part 02
엄마와 아이,
마음 상태에 따라 대화가 달라야 해요

Part 03
점점 커 가는 아이,
부모의 대화도 바뀌어야 합니다

Part 04 마음이 아픈 아이, 부모의 치유 대화가 필요해요

Part 01_

아이에게 상처 받는 엄마,
엄마에게 상처 받는 아이

엄마도
정말 힘들다

"아이들에게 화내고 소리 지르고, 어떤 때는 집어 던지고, 그렇게 한바탕 난리를 치고 나면 난 내가 인간이 아닌 것 같아요."

"전 공부도 할 만큼 했고 성격이 나쁜 편도 아닌데, 왜 아이들 앞에만 서면 무식한 엄마가 될까요?"

"우리 아이들은 왜 이렇게 나를 힘들게 할까요?"

"도대체 뭐가 잘못된 걸까요?"

아이 키우기가 너무 힘든 엄마들의 가슴 아픈 탄식입니다.

예나 지금이나 아이 키우는 일이 힘들긴 마찬가지지만, 요즘처럼 힘든 때는 없는 것 같습니다. 예전에는 부모가 먹을 것, 입을 거리,

그리고 잠자리를 보살피고 챙겨 주는 일만 해도 감사할 줄 알고 살았지요. 하지만 요즘에는 그것만으로는 부모 노릇을 잘한다고 말하기 어렵습니다. 친구들과 모여 수다를 떨다가도 아이들 교육에 관한 정보에 어두우면 '부족한 엄마', '아이를 망치는 엄마'라는 생각에 갑자기 죄책감과 불안에 휩싸이게 됩니다.

요즘의 부모 노릇은 의식주를 해결해 주는 기본적인 것에 더해 어려서부터 아이를 공부시키거나 좋은 선생님을 찾아 주어야 합니다. 사회성 좋은 아이로 키우기 위해 백화점 문화센터나 키즈 카페에 가서 또래 친구들과 어울릴 기회를 만들어 주어야 하지요. 그것도 모자라 다른 아이보다 조금이라도 먼저 영어 교육을 시키고 책을 읽어 주는 일도 소홀히 하지 않아야 합니다. 남들보다 좀 더 앞섰다고 자부하는 부모라면 학원 다니듯이 아동상담센터에 다니면서 아이의 마음을 보살피는 일도 함께 합니다.

그런데 아무리 남들보다 더 많이 챙기고 더 많이 정보를 수집하고 더 많은 비용을 들여 공부를 시켜도 노력한 만큼 결과를 얻는다는 확신은 서지 않습니다. 부모의 마음은 또 뭔가를 더 해야 하지 않을까 하는 불안감으로 가득 차 있습니다. 혹시 지금 내 마음이 이런 상황이라면 아이를 데리고 무엇을 어떻게 할까 고민하기를 잠시 멈추어 보세요. 그 대신 부모인 자신의 마음을 보살피는 일을 먼저 해 보는 건 어떨까요?

아이 키우기 힘드시죠?

"아이 키우기 힘드시죠?" 이 말에 대부분의 부모가 고개를 끄덕입니다. 어떤 아빠는 "도대체 부모 역할은 언제 끝나는 거죠?" 하고 하소연합니다. 얼마나 힘이 들고 답답하면 하늘이 주신 선물이라는 부모와 자식의 인연을 버거워하는 걸까요?

아이를 낳는 순간부터 부모는 단 한 순간도 부모의 역할에서 벗어날 수는 없을 것입니다. 2,400명 정도의 유아 부모들을 대상으로 한 설문조사에서 과반수가 넘는 59퍼센트가 가장 고민스러운 부분으로 아이의 '인성 교육'을 꼽았습니다. 알아듣게 얘기해도 짜증 내고 징징거리는 아이, 툭하면 울음보를 터뜨려 엄마를 난감하게 하는 아이, 장난감을 가지고 잘 놀다가도 마음에 안 들면 집어 던지거나 동생을 때리는 아이……. 이런 행동을 할 때는 혼을 내거나 달래도 아무 소용 없습니다. 아이 키우기 정말 힘들다는 생각밖에 들지 않습니다. 생활 습관도 바로잡아 주어야 하고 사회성도 키워 주어야 하며 자신감과 자존감이 높은 아이로 성장하도록 도와주어야 합니다. 도대체 어떤 부모가 이 모든 걸 다 잘할 수 있을까요?

아이가 초등학생이 되면 부모의 어려움은 더 커집니다. 받아쓰기로 시작되는 공부와 성적이 너무 중요합니다. 유아기와는 달리 점수로 표현되는 아이의 능력 때문에 엄마 아빠는 받아쓰기 시험 하나에 아이의 인생 전부가 걸린 듯, 100점을 받으면 우리 아이가 성공적인 삶을 살 것 같은 희망을 갖게 되고 형편없는 점수를 받으면 마치 아이가 인생을 망친 것처럼 좌절감을 느낍니다. 지나고 나면 아무것도 아닌 받아쓰기 성적에 왜 이리 울고 웃게 되는 걸까요? 그뿐만이 아닙니다. 학교에서 보는 모든 시험과 점수는 엄마를 불안과 걱정에 휩싸이게 합니다. 단 하루도, 아니 잠시라도 아이의 성적에서 자유로워지기가 어렵습니다.

직장 엄마는 더 힘들어요

직장을 다니는 엄마들이 느끼는 어려움은 더 큽니다. 엄마가 직장에 다니면 아이가 왕따 당하기 쉽다는 말에 가만히 있어도 불안하기만 합니다. 게다가 학교 도움 활동이나 행사에 일일이 따라다닐 수 없는 직장 엄마들을 위한 배려는 별로 없습니다. 아이가 알림장을 제대로 써 오지 않아 같은 반 친구 엄마에게 전화하면 가르쳐 주지 않으려는 듯한 느낌을 받기도 합니다. 친한 엄마들끼리 모여 아이들을 챙겨 체험 활동이나 여행을 가는 경우, 우리 아이만 빠지기 일쑤라 아이가 느낄 소외감과 상처에 마음이 아픕니다. 아이가 조금만 실수하거나 짓궂은 장난을 치면 엄마가 직장에 다니느라 아이를 제대로 관리하지 못해서 그런 거라는 얘기를 듣기도 합니다. 틈을 내 학교 행사에 참여해도 온통 낯선 사람, 낯선 상황뿐이라 어울리기가 어렵습니다.

직장 엄마의 행복도가 가장 낮다는 통계 자료도 있습니다. 통계청과 여성가족부가 발표한 '2012 통계로 보는 여성의 삶'에 따르면 경제, 직업, 건강 등을 모두 고려한 주관적 만족감에서 워킹맘은 만족 (24.1퍼센트)보다 불만족(30.6퍼센트) 비율이 높았습니다. 반면 전업맘은 만족(27.9퍼센트)이 불만족(25.4퍼센트)보다 높았습니다. 자녀와의 관계 또한 전업맘(72.1퍼센트 만족)의 만족도가 워킹맘(70.2퍼센트)보다 높았습니다. 아이를 잘 키우기 위해, 보다 나은 삶을 위해 엄마 역할, 주부 역할, 그리고 직장인의 역할까지 모두 끌어안고 힘겹게 생활하는데 수치로 나온 결과를 보면 열심히 살 의욕이 꺾이기도 합니다.

이렇게 힘든 가장 큰 이유는 '불안감'

전업맘이든 직장맘이든 우리 엄마들을 힘들게 하는 가장 큰 원인은 불안감입니다. 게다가 사회적인 혼란과 불안은 아이를 키우는 부모의 불안감을 더욱 키우기만 합니다. 사교육을 시키지 않으면 우리 아이가 잘 해내지 못할 거라는 불안감을 의도적으로 부추기는 경우도 많습니다. 아이를 잘 키우겠다는 순진하고 순수한 열망을 가진 엄마들은 이 모든 것에서 벗어나기 어렵습니다. 어떻게 하면 이런 불안감을 여유 있게 받아들이고, 그 정체를 정확히 파악해서 현명하게 대처할 수 있을까요?

감정은 사람을 움직이게 합니다. 그중에서도 엄마의 불안감은 바람직하지 않은 많은 일들이 벌어지게 합니다. 감정에 휩싸이면 이성적인 판단을 내리기 어렵습니다. 자신의 감정을 조절할 줄 아는 힘이 부족하면 늘 불안을 유발하는 그 무언가에 의해 조종당한다는 느낌이 들게 마련입니다. 엄마는 불안할 때 어떻게 해야 할까요?

아주 오래된 이야기지만 데일 카네기가 말한 '평균율의 법칙'을 한번 생각해 봅시다. 미국 해군에서는 장병들의 사기를 앙양하기 위해 평균율의 법칙을 이용합니다. 휘발유를 가득 실은 유조선을 처음 타는 병사들은 고민하는 모습을 보이게 마련입니다. 그것은 그 배가 혹시나 적의 어뢰를 맞으면 즉시 폭발해서 모두가 죽게 될 것이라는 생각 때문입니다. 해군에서는 정확한 통계를 제시함으로써 그들의 고민을 몰아냈습니다. 즉 어뢰를 맞은 100척의 유조선 중에서 60척은 그대로 떠 있으며, 침몰한 40척 중에서도 10분 이내에 침몰하는 배는 겨우 5척에 불과하다는 사실을 보여 준 것입니다. 그리고 유사시 배에서 탈출할 시간적 여유가 충분하며 사상자 또한 극소수라는 사실을 깨우쳐 주었습니다. 이런 설명을 들은 한 병사는 이렇게 말했습니다.

"평균율의 법칙에 관한 설명은 우리의 불안을 일소시켰습니다. 이런 정보 때문에 나의 신경과민은 사라지고 동료들도 안심하게 됐지요. 평균율의 법칙대로 우리는 안 죽을 겁니다."

저도 오랜만에 비행기를 타면 갑자기 두려움이 엄습합니다. 이 무거운 비행기가 하늘을 난다는 사실이 새삼 신기하다가 문득 갑자기 뚝 떨어지는 건 아닌가 하는 걱정이 듭니다. 그럴 땐 '비행기 추락으로 죽을 확률보다는 공항까지 가는 동안 교통사고를 당할 확률이 더 높다'는 말을 떠올립니다. 비행기 추락 사고가 일어날 확률이 교통사고가 발생할 확률의 100분의 1이라는 사실을 기억하면 다시 마음이 진정됩니다. 그리고 그렇게 기술을 발전시켜 온 우리 인간들의 능력에 새삼 감탄하며 비행을 즐기게 됩니다.

우리 아이의 이야기로 돌아와 볼까요? 지금 아이의 행동 때문에 불안하고 초조하다면 과연 여러분의 불안이 현실화될 확률이 얼마나 되는지 한번 생각해 봅시다. 아이의 행동이나 그 결과에 대한 걱정 때문에 정신을 차릴 수 없을 만큼 불안해진다면 각각의 사건에 점수를 매겨 보세요. 가장 견디기 힘든 불안감의 크기를 10점 만점으로 합니다. 그리고 아이의 행동이 걱정되고 불안감이 느껴질 때마다 그 불안감의 크기에 점수를 매기는 겁니다.

	사건이나 행동	첫 번째	두 번째
1	친구가 나 싫다고 말했어요.		
2	받아쓰기 점수가 30점이에요.		
3	숙제하기 싫어요.		
4	학원에 가기 싫어요.		
5	공부는 왜 해야 돼요?		
6	난 공부가 제일 싫어.		
7	엄마 미워.		

이렇게 점수를 매기다 보면 아이의 문제 행동을 좀 더 객관적으로 바라볼 수 있는 마음의 여유가 생깁니다. 처음엔 높은 점수를 주었다가도 다시 한 번 들여다보면 '이런 걸 가지고 이렇게까지 심각하게 느낄 필요는 없지 않나' 하는 생각이 듭니다. 맞습니다. 아무 생각 없이 사건을 받아들이다 보면 그 사건으로 인한 불안감은 엄청나게 커지기 쉽습니다. 하지만 조금 진정하고 다시 보면 그렇게 큰 사건이 아님을 알게 됩니다. 얼마든지 마음을 정리하고 대처할 수 있는 힘이 생깁니다. 그리고 그런 사건이 없었더라면 깨닫지 못했을 것들에 대해 깨닫고 배우게 된 것에 감사하게 되지요.

아이의 받아쓰기 성적이 30점이라면 이 사건은 몇 점짜리 불안감일까요? 사람마다 다를 겁니다. 하지만 이 점수 때문에 하루 종일 불행하고 우울하다면 여러분이 느끼는 불안감의 점수는 8~9 정도로 클지도 모르겠습니다.

30여 년 전 우리 자신의 받아쓰기 시험 성적을 기억하나요? 그 받아쓰기 점수가 우리의 인생에 큰 영향을 끼쳤나요? 그렇다고 대답하는 사람은 별로 없을 것입니다. 우리는 이미 알고 있습니다. 그것이 우리 인생에 크게 영향을 끼치지 않는다는 것을. 그러니 아이가 벌이는 작은 사건 하나하나에 전 인생의 무게를 실어 좌절하고 속상해할 필요는 없습니다. 오히려 아이의 상태를 정확히 파악할 수 있는 기회로 여기고, 아이에게 가장 적합한 교육이 무엇인지 알 수 있는 정보를 얻었다고 생각하는 것이 바람직합니다. 그래도 너무 걱정되고 불안감 점수를 줄일 수 없다면 한번 다르게 생각해 볼까요? 불안감을 해소하기 위해 이미 알고 있는 사건이나 아이의 행동을 다른 방향으로 해석해 보는 것도 좋은 방법입니다.

받아쓰기 30점은 진짜 30점일까요?

부푼 꿈을 안고 초등학교에 입학해서 제일 먼저 엄마의 기대감에 찬물을 끼얹는 것이 아마도 아이의 받아쓰기 시험 점수일 것입니다. 엄마의 기대에 부응해 줄곧 100점을 받는 경우라면 괜찮지만, 그렇지 않은 경우라면 엄마의 불안감은 하늘을 찌릅니다. 받아쓰기 시험을 본 날, 학교 밖에서 아이를 기다리다 집에 도착할 때까지 못 참고 아이의 가방에서 받아쓰기 공책을 꺼내 확인하는 엄마도 있습니다. 이렇게 아이의 받아쓰기 성적이 걱정되거나 마음에 들지 않는다면 다르게 생각해 보세요. 받아쓰기 점수가 30점이라는 것은 아이가 전체 문제의 30퍼센트만 맞았다는 뜻으로 이해됩니다. 그런데 과연 그럴까요?

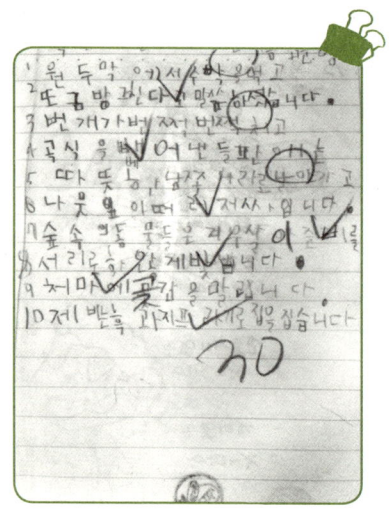

　　30점짜리 받아쓰기 시험지입니다. 한번 살펴보겠습니다. 10개의 문장에 116개의 글자가 있습니다. 이 중 아이가 틀린 글자는 12개입니다. 전체 10문제를 보면 아이가 맞힌 글자는 104개나 됩니다. 이 아이의 점수는 과연 30점이어야 할까요, 아니면 116점 만점에 104점으로 봐야 할까요?

물론 문장의 맥락에서 글자를 파악해야 하는 것 아니냐고 따질 수도 있겠지요. 하지만 받아쓰기 시험의 채점 기준은 아이의 이해 능력이 아니라 맞춤법입니다. 그렇다면 엄밀하게 말해서 한 글자씩 따져서 점수를 매기는 것이 더 타당하지 않을까요? 아이가 찍은 마침표를 보세요. 얼마나 정성들여 찍었나요. 찍은 게 아니라 꾹 눌러서 여러 번 동그랗게 칠했습니다. 마치 선생님께 '제가 마침표를 빠뜨리지 않고 찍었어요'라고 말하는 것 같습니다.

30점이라는 점수에 가려진 아이의 진짜 실력을, 간절한 노력을, 애틋한 마음을 아무도 알아주지 않는다면 아이는 영원히 30점이란 낙인을 가슴에 새기게 되겠지요. 모든 사람들이 똑같이 30점짜리로 보더라도 엄마 아빠는 아이의 진짜 모습을 볼 수 있습니다. 꼭 그렇게 해야 합니다.

엄마에게도 위로와 충전이 필요합니다

유아기 자녀를 둔 엄마는 이렇게 말합니다.

"아이를 키우는 게 힘들어요. 힘들어도 너무 힘들어요. 내가 아이에 대해 결정한 일들이 현명한 선택이었나 확신이 안 설 때 특히 힘들어요."

초등학생 자녀를 둔 엄마는 이렇게 말합니다.

"공부를 가르치는 것이 힘들어요. 아이를 먹이고 챙기는 일도 힘들어요. 좋은 학원을 알아보고 학원에 데려다 주고 데려오는 일은 더 힘이 들고요. 하지만 그중에서도 가장 힘든 때는 이렇게 힘든 엄마의 마음은 몰라주고, 잘 키우려고 애쓰는 엄마 마음은 몰라주고, 아이가 떼쓰고 짜증 낼 때입니다. 그리고 아이의 잘못을 엄마 탓으로 돌리는 것도 너무 힘이 듭니다."

중학생 자녀를 둔 엄마는 이렇게 말합니다.

"아이가 학교에 갔다 왔는데 표정이 좋지 않기에 '무슨 일 있어? 왜 그래?' 했더니 '엄만 몰라도 돼' 하며 방문을 쾅 닫고 들어가 버렸어요. 다시 물어보고 싶었지만 그러면 싸우게 될까 봐 차마 문을 두드리지도 못했습니다. 그날 밤새 울었어요. 우리 아이는 도대체 왜 그럴까요?"

고등학생 자녀를 둔 엄마는 이렇게 말합니다.

"이젠 뭘 어떻게 해야 할지 모르겠어요. 아무리 학원을 보내도 성적은 오르지 않고 어쩔 수 없다 싶어요. 그래도 좀 더 열심히 해 주면 좋겠는데……. 제가 할 수 있는 게 아무것도 없어요. 아이 기분 맞춰 주고 눈치 보느라 너무 힘들어요. 안 그래도 끔찍한 일들도 많이 생기는

데 아이가 무사히 학교에 다녀 주니 그것만으로도 감사하게 생각해야 겠지요."

그리고 대학생 자녀를 둔 엄마는 이렇게 말합니다.

"아이가 공부를 해도 걱정, 안 해도 걱정이에요. 공부를 안 하면 아이가 제대로 된 직장을 구할 수 없을까 봐 불안하고, 혹시라도 공부를 계속하고 싶다고 하면 그 뒷바라지를 할 경제적 여유가 없어 걱정이에요. 청년 실업자들 이야기를 들으면 더 그래요."

아이가 명문대에 입학해서 주위의 부러움을 사는 엄마들이 있습니다. 그런데 기쁨도 잠시 또 다른 불안감에 어쩔 줄 몰라 합니다. 명문대에 들어가기만 하면 모든 문제가 다 해결될 거라며 다들 부러워하지만 정작 본인들은 그렇지 못한가 봅니다. 아이의 생존과 안전에 대한 불안 때문에, 남들보다 더 나은 삶을 살지 못하면 어쩌나 하는 불안 때문에 또다시 행복한 부모로 지내는 것이 어렵습니다. 정말이지 아이를 낳는 순간부터 죽을 때까지 부모의 불안은 없어지지 않는 것 같습니다.

아이를 키우는 일이 이렇게 불안하기만 해야 하는 걸까요? 다른 길은 없을까요? 아이를 키우는 일이 너무 힘들다면 '힘들어하기'를 잠시 멈춰 보기 바랍니다. 그리고 향기 좋은 차 한 잔을 앞에 두고 시를 한번 읊어 보세요. 임길택 선생님의 '나 혼자 자라겠요'입니다. 이렇게 아이를 놓고 아등바등하는 게 과연 옳은 일인지, 잘 키우려고 힘들게 노력하고 있지만 과연 아이를 제대로 키우고 있는 것인지, 고민하는 마음 다 내려놓고 그냥 한번 읊어 보세요. 그리고 시를 읊고 난 다음 떠오르는 마음을 놓치지 말고 고이고이 잘 간직하기 바랍니다. 그럼 아이를 키우는 일이 훨씬 덜 힘들 테니까요.

길러지는 것은 신비하지 않아요.

소나 돼지나 염소나 닭

모두 시시해요.

그러나, 다람쥐는

볼수록 신기해요.

어디서 죽는 줄 모르는

하늘의 새

바라볼수록 신기해요.

길러지는 것은

아무리 덩치가 커도

볼품없어요.

나는

아무도 나를

기르지 못하게 하겠어요.

나는 나 혼자 자라겠어요.

아이를 키우는 일은 힘이 들 때가 많습니다. 잘 키우려면 더욱 그렇습니다. 그럴 때 이 시를 기억해 보세요. 아이는 부모가 기르는 것이 아니라 스스로 자라납니다. 부모의 손길이 덜 갈 때 자신만의 의미 있는 삶을 가꾸어 가게 됩니다. 엄마를 거부하는 아이 뒤에서 눈물 흘리며 슬퍼하지 말고 '우리 아이가 이제 스스로 자기 삶을 가꾸는구나' 하고 생각해 보세요.

제발 엄마 마음 좀
알아줄래?

수영이 엄마는 일곱 살 수영이에게 날마다 책을 읽어 줍니다. 그런데 채 5분도 되지 않아 야단을 치게 됩니다. 수영이는 가만히 앉아서 듣지를 못합니다. 집중하라고 잔소리하고 산만하다고 혼내게 됩니다. 이럴 때 수영이는 엄마의 마음을 얼마나 알까요? 수영이는 엄마가 맨날 짜증이나 내고 혼내기만 한다고 말합니다. 혼내는 엄마 마음은 어떨지 물어보면 그냥 모르겠다고 말합니다. 초등학교 1학년 영진이도 비슷한 경우인데, 그냥 자기가 잘못하니까 엄마가 혼내는 거라고 말합니다. 잘못한 건 알지만 그런 자신의 행동을 보는 엄마의 마음은 어떨지 전혀 모르는 것 같습니다.

어떻게 그걸 모를 수 있을까요? 엄마의 노력은 몰라주고 그냥 혼내기만 하는 엄마라고 말하니 답답할 뿐입니다. 정말 사랑해서 그러는 건데, 혼을 내면 "네" 하고 엄마 말을 잘 들어야 하는데 아이는 오히려 더 짜증을 내고 투덜대기만 합니다. 답답하고 터질 것 같은 엄마 마음을 왜 몰라주는 걸까요? 당연히 알 거라 생각하지만 아이들은 의외로 엄마의 마음을 잘 모릅니다. 막연히 엄마 아빠가 자신을 사랑할 거라고 생각하지만 얼마나 사랑하는지, 자신의 어떤 점을 사랑하는지는 잘 모르는 경우가 대부분입니다.

아이들은 왜 엄마의 마음을 모를까요?

집단심리치료의 효과적인 특징 중에 '보편성'이라는 개념이 있습니다. '나만 힘든 게 아니구나. 누구나 비슷한 문제를 갖고 있구나'라는 것을 깨닫게 됨으로써 상당한 위안을 얻게 되는 것입니다. 엄마 아빠들이 어렸을 적엔 나가서 놀다 보면 너나 할 것 없이 엄마에게 혼나고 나오는 아이들이 대부분이었습니다. 자신의 어려움이 누구나 겪는 보편적인 것임을 쉽게 깨닫게 되었지요. 엄마가 혼을 내도 사랑해서 혼내는 것임을 자연스레 알았습니다. 어제 아이를 혼낸 옆집 엄마가 오늘은 아이를 챙기며 안타까워하는 모습을 보면서 말입니다. 객관적인 시선으로 남을 볼 때는 그것이 참 잘 느껴집니다. 하지만 요즘은 다릅니다. 요즘 아이들은 다른 사람의 삶을 들여다볼 기회가 별로 없습니다. 나만 혼나고 나만 이렇게 힘들게 산다는 생각이 강합니다. 그런데다가 엄마는 맨날 잘못만 지적하니 엄마의 속 타는 마음, 애끓는 마음을 아이는 전혀 알 수 없습니다.

결국 요즘 부모들은 공동체 사회에서 저절로 이루어지던 일까지 모두 챙겨서 해 주어야 한다는 말이 됩니다. 그런 것까지 하나하나 챙겨서 알려주는 것이 힘들게 느껴질 수도 있습니다. 그래도 조금만 노력하면 쉽게 해결할 수 있는 방법이 있습니다. 바로 '좋은 말'입니다. 말보다 쉬운 게 어디 있을까요? 흔히 말하기가 어렵다고 하는데, 효과적인 말을 정확히 알지 못하기 때문입니다. 아이의 귀에 한번에 쏙 들리는 좋은 말 한마디면 아이는 엄마의 마음을 쉽게 알 수 있습니다.

아이를 사랑하는 엄마의 '진짜' 마음을 알려주세요

엄마가 아이에게 마음을 전달하기 위해 사랑한다고 말합니다. 정말 좋은 말인데 참 추상적입니다. 아이들은 엄마가 왜 자신을 사랑하는지, 자신의 어떤 모습을 사랑하는지 좀 더 구체적으로 듣고 싶어합니다. 바로 이 지점에서 엄마는 말이 막힙니다. 사랑하는 마음을 전달하기 어려워하는 엄마들에게 버나뎃 로제티 슈스탁이 쓴 그림책 《사랑해 사랑해 사랑해》를 읽어 주었습니다.

> 사랑해, 사랑해, 우리 아가를 사랑해.
>
> 머리끝부터 발끝까지 너를 사랑해.
>
> 네가 행복할 때나 슬플 때나
>
> 말썽을 부릴 때나 심술을 부릴 때도 너를 사랑해.
>
> 네가 깔깔 웃거나 앙앙 울어도
>
> 네가 쿵쾅쿵쾅 뛰거나
>
> 살금살금 걸어도 너를 사랑해.

이 글을 흉내 내어 아이를 사랑하는 마음을 써 보게 했습니다.

〈1학년 ○○ 엄마〉

> 사랑해, 사랑해, 사랑해.
>
> 네가 웃고 있을 때나 울고 있을 때나
>
> 엄마를 속상하게 할 때나 짜증나게 할 때도 너를 사랑해.
>
> 네 코와 훌쩍이는 콧물을 사랑해.
>
> 네 눈과 눈에 낀 눈곱도 사랑해.
>
> 네 엉덩이와 네 방귀 냄새를 사랑해.

네가 고함을 치거나 쿵쾅쿵쾅 뛰어도

네가 교실에서 벌을 서거나 받아쓰기 10점을 받아도 너를 사랑해.

숙제를 하다가 졸거나 준비물을 빼먹거나

아침에 늑장을 부려도 너를 사랑해.

어릴 적에도, 지금도, 커서도, 언제까지나 너를 사랑해.

〈1학년 ○○ 엄마〉

사랑해, 사랑해, 사랑해.

너를 만나고부터 지금까지 엄마는 너무나 행복해.

건강한 몸으로 태어나 씩씩하게 자라 줘서 고마워.

네가 아장아장 걸음마 할 때도

슈퍼소닉처럼 빠른 지금의 모습도 모두 사랑해.

얌전히 앉아 죽은 딱따구리를 그리워하며 슬퍼할 때의

너의 모습을 오래도록 기억할게.

네가 조금씩 알게 된 너의 슬픔도 사랑할게.

〈7살 ○○ 엄마〉

사랑해, 사랑해, 사랑해.

천진난만하게 엄마 옆에서 요플레를 먹고 있는 너를 사랑해.

"엄마, 내 마음이 웃고 있어"라고 말하는 너를 사랑해.

"엄마를 사랑해"라고 말해 주는 너를 사랑해.

"엄마, 안아 주세요"라고 말하는 너를 사랑해.

뽀뽀하자며 입술을 오므려 쏙 내미는 너를 사랑해.

웃을 때 보이지 않는 너의 눈을 사랑해.

피아노 앞에 앉아서 "엄마, 노래 불러 줘" 하며 피아노 치기 시작하는

때 묻지 않은 너의 모습을 사랑해.

속상해서 "엄마, 나랑 이야기 좀 해요"라고 말하는 너를 사랑해.

눈병 나서 안대를 낀 너의 눈을 사랑해.

너의 낮은 코도 사랑해.

옆에 앉아 있던 아이에게 이 글을 소리 내어 읽어 주었습니다. 잔잔하게 미소 짓던 아이가 환하게 웃습니다. "엄마가 이렇게 말해 주니 어떠니?"라고 물으니 수줍게 웃으며 "좋아요"라고 합니다. 또 다른 아이는 말합니다. "엄마, 절 이렇게 많이 사랑하셨어요?"

엄마의 사랑을 자세하게 표현하니 참 뭉클합니다. 이렇게 엄마의 진심을 아이에게 말해 준다면 아이들은 엄마가 잔소리를 하거나 혼을 낼 때도 엄마의 '진짜' 마음을 조금은 알 수 있지 않을까요? 가끔씩 아이에게 이렇게 엄마의 진짜 마음을 들려주면 참 좋겠습니다.

엄마가 옳다고 믿는
아이 사랑법

우리 아이가 어떤 사람으로 자라나길 바라시나요? 10개의 문항이 있습니다. 나에게 가상의 돈 100만 원이 있습니다. 이 100만 원으로 내가 키우고 싶은 아이의 유형을 선택할 수 있습니다. 10가지 특징을 고루 가진 아이로 키우고 싶어서 10만 원씩 투자하고 싶지만, 다른 사람이 더 큰 돈을 투자하면 나는 그 특성을 가질 수 없습니다. 바로 경매 방식입니다. '내가 키우고 싶은 우리 아이'라는 가치관 경매 게임입니다. 혼자서 하는 것도 좋고, 다른 사람과 함께 해 보는 것도 좋습니다. 엄마, 아빠, 그리고 아이가 함께 한다면 서로의 마음을 아는 데 큰 도움이 될 것입니다.

	품목	나의 최초 할당액	나의 최종 입찰액
1	공부를 잘하는 아이		
2	정직한 아이		
3	친구가 많은 아이		
4	머리 좋은 아이		
5	배려 잘하는 아이		
6	잘 웃고 유머가 있는 아이		
7	자립적인 아이		
8	자신감 있는 아이		
9	예술적 재능이 있는 아이		
10	공부를 좋아하는 아이		

　　모두 다 선택하고 싶겠지만 정말 고르고 골라서 하나만 선택해야
한다면 나는 우리 아이가 어떤 아이로 성장하기를 바라나요? 아마도
마지막 남은 하나가 우리 마음속 깊은 곳에서 간절하게 바라는, 절대
놓을 수 없는 그 무엇일 것입니다.

　　현재 우리나라의 교육 상황으로 볼 때 공부 잘하는 아이를 마지막
으로 선택하는 사람이 가장 많을 거라고 예상됩니다. 하지만 실제로
질문을 해 본 결과, 의외의 결과를 볼 수 있었습니다. 공부를 잘하는
아이를 가장 간절한 소망으로 선택한 이는 100명의 부모들 중 10명

남짓에 불과했습니다. 대부분의 사람들은 배려 잘하는 아이, 친구가 많은 아이 혹은 자신감 있는 아이를 선택했습니다.

유서 쓰기에서도 비슷한 결과가 나옵니다. 내가 세상을 떠나게 되었을 때 사랑하는 아이에게 남기고 싶은 말이 무엇인지 유서에 써 보기로 합니다. 평소 아이의 공부를 위해 노력해 온 만큼 공부 잘하는 아이가 되기를 바란다는 말이 없지는 않을 겁니다. 하지만 더 이상 아이를 지켜 주고 보살펴 줄 수 없는 상황이 되었을 때 대부분의 부모가 아이에게 남기고 싶어 한 말은 그보다 더 중요한 말들이었습니다. 가족과 친구들과 좋은 관계로 잘 지내기, 자주 웃고 여행도 많이 다니고 행복한 시간 갖기, 하고 싶은 일은 꼭 하면서 살기, 너무 공부나 일에만 매달리지 말기, 건강을 위해 운동도 하고 좋은 음식 챙겨 먹기, 안전을 위해 항상 조심하기.

우리는 마지막 순간 사랑하는 아이에게 이런 말을 전하고 싶습니다. 다행히 지금은 아직 마지막 순간이 아닐 겁니다. 그러니 나중으로 미루지 말고 바로 지금 이 말을 하는 건 어떨까요?

밝게 웃으며 사람을 반길 줄 아는 아이, 작은 일에도 잘 웃는 아이, 친구와 즐겁게 놀 줄 아는 아이, 따뜻하게 남을 감싸 줄 수 있는 아이, 배우는 것을 즐기는 아이, 무언가에 몰입해서 집중할 줄 아이, 용기 있고 진솔한 아이. 저는 우리 아이들이 이런 아이로 자라나면 좋겠습니다. 우리의 '아이 사랑법'이 바로 이런 아이로 자라게 하는 것

맞나요? 여러분은 아이를 잘 키우기 위해 어떤 사랑법을 사용하고 있나요?

🍀 대한민국 엄마의 아이 사랑법은?

현재 우리나라 엄마들이 아이를 키울 때 중요하게 생각하는 가치는 크게 두 가지로 말할 수 있습니다. 첫째는 공부 잘하는 아이로 키우기, 둘째는 인성이 좋은 아이 혹은 남을 잘 배려하는 아이로 키우기입니다. 그리고 그 생각대로 아이를 잘 키우기 위해 노력합니다.

첫 번째 가치인 공부 잘하는 아이로 키우기 위한 우리의 사랑법은 어떤 것인지 한번 생각해 봅시다. 공부를 잘하는 아이로 키우기 위해 숙제를 시키고 학원에 보냅니다. 엄마는 아이의 공부를 위한 정보를 찾고 그 정보를 토대로 아이의 시간표와 계획서를 작성합니다. 목표를 정하면 목표를 달성하기 위한 계획을 세우는 것은 분명 당연한 일입니다. 그런데 학자들의 생각은 좀 다릅니다. 공부를 잘하기 위해서는 아이가 스스로 계획을 세워야 한다고 합니다. 그런데 대부분의 경우, 엄마가 계획을 세우고 아이는 거기에 따라갑니다. 그리고 계획대로 되지 않으면 아이를 다그치고 혼냅니다. 아이가 스스로 계획을 세웠다고 말하는 경우도 자세히 보면 엄마가 무언의 압력을 행사해 아이가 바라는 대로 계획을 세우지 못합니다. 그러니 지키기도 어렵습니다. 이런 생활이 반복되다 보면 엄마는 지치고 아이에겐 심리적 문제가 발생합니다. 그렇다면 목표가 잘못된 것일까요, 아니면 목표를 달성하기 위한 엄마의 사랑법에 문제가 있는 걸까요?

엄마가 저녁을 먹고 거실에 앉아 있는 아이에게 말합니다.

"TV 꺼야지."

"아 잠깐, 이것만 보고요."

"안 돼! 시간 지났어."

"아! 진짜……."

"야! 30분까지 본다고 하고선 지금 벌써 40분이잖아. 들어가, 어서!"

"……."

"공부해, 얼른. 숙제도 하고. 학습지도 밀렸잖아."

들어가서 숙제하기 시작하는 아이 옆에서 엄마는 또 이렇게 말합니다.

"이거 틀렸잖아. 제대로 풀어."

"알았어요. 제가 할게요."

"네가 제대로 하면 엄마가 왜 걱정하겠니? 어서 다시 풀어."

"아, 알았다고요. 할 테니 나가 있어요."

"어서 풀어."

"아! 제발 좀 나가 계시라고요."

이 상황의 경우, 목표는 분명한데 목표를 달성하기 위한 아이 사랑 법이 제대로 작동하지 않는 것 않습니다. 공부 잘하는 아이로 자라길 바라는 목표는 아주 훌륭한 목표라고 생각합니다. 그런데 목표를 달성하기 위한 아이 사랑법이 목표를 향해 나아가는 것이 아니라 전혀 다른 방향으로 나아가고 있습니다. 다른 사람이 보면 확실히 길을 잘 못 들었는데, 정작 이런 상황을 연출한 엄마는 그걸 파악하지 못하는 경우가 많습니다. 방법에 문제가 있으면 바꾸면 되는데 다른 방법을 찾을 생각조차 하지 못하니 상황이 점점 어려워지게 되는 것이지요.

두 번째 가치인 좋은 인성을 가진 아이로 키우기 위해서는 어떤 사랑법을 사용하는지요? 모든 부모가 공부만큼이나 아이의 인성을 중요하게 생각합니다. 인성이 좋은 사람, 배려를 잘하는 사람으로 키우기 위한 사랑법이 그 가치관을 제대로 전달하고 있는지 살펴보아야 합니다. 초등학교 1학년 여자아이를 둔 엄마의 이야기를 한번 들어 볼까요?

"저는 늘 아이가 바르게 컸으면 좋겠다고 생각했어요. 그렇기 때문에 아이가 조금이라도 부정적인 생각을 하면 '그렇게 생각하지 마. 왜 그렇게 생각하니?'라고 늘 말해 왔습니다. '엄마, 친구가 말도 안 하고 내 색연필을 그냥 막 썼어' 하면 '필요하면 빌려 줘야지. 그 정도도 못 참으면 어떡하니? 괜찮아'라고 말했습니다. 이렇게 툭하면 '네 가 먼저 양보해야지'라고 이야기했습니다. 그런데 제 바람과는 달리 아이가 학교에 입학한 뒤 친구도 못 사귀고, 질문을 해도 제대로 대답도 못 하고, 수업 시간에 집중도 못 한다고 선생님이 말씀하셔서 전문가에게 상담을 받고 놀이 치료를 받게 되었어요. 다른 사람에게 폐를 끼치지 않고 배려심 깊은 반듯한 아이로 키우고 싶었는데, 오히려 아이를 괴롭히기만 한 것 같아서 마음이 아파요. 우리 아이가 너무 힘들어하는 것 같아요."

이런 모습은 좋은 엄마가 되고 싶은, 주위 사람들에게 좋지 않은 소리를 듣는 것을 그 무엇보다 싫어하는 사람들의 특징입니다. 한마디로 남한테 책잡히고 싶지 않은 성향이 강한 엄마지요. 이런 엄마들은 대개 아이가 그렇게 잘못하지 않은 상황인데도 우리 아이를 먼저 탓하거나 혼내는 경향이 있습니다. 아마 이 책을 읽는 대부분의 엄마는 그런 성향을 가지고 있을 것입니다. 좋은 엄마가 되려고 이 책을 읽으실 테니까요. 아이가 사회에 도움이 되는 사람으로 성장하고 성숙한 태도를 갖기를 바라는 마음에 아이를 먼저 혼내고 타이르게 됩니다. 하지만 아이 입장에서는 한마디로 말이 안 되는 상황입니다. 엄마가 자기편이 아니라 친구 편을 드니 그 마음이 얼마나 억울하고 속상할까요? 상처 받고 마음의 병만 커지게 됩니다. 게다가 자기 마음을 몰라주는 엄마의 말을 듣고 싶은 마음은 전혀 들지 않을 것입니다.

휘몰아치던 엄마, 자기 사랑법의 정체를 깨닫다

숙제하라고 말하기에 지친 엄마가 어느 날 좀 다르게 말해 봅니다.

"어서 와. 피곤하겠다. 푹 쉬어. 맛있는 간식 줄게. 쉬고 난 다음 뭐부터 하고 싶니?"

"게임 먼저 해도 돼요?"

"약속 시간만 잘 지킨다면 순서는 상관없어. 그럼 오늘 네가 할 일의 순서를 정해 볼래?"

아이는 먼저 게임을 한 시간 하고 그다음에 숙제를 하고 학원에 가겠다고 합니다.

"게임 끝내는 시간을 못 지키면 어떻게 하지?"

"그럼 엄마가 시간이 지났다고 말해 주세요."

"엄마가 말해 주는 건 어렵지 않은데, 엄마가 말해도 네가 안 들으면 두 번 세 번 말하게 될지도 몰라. 그럼 네가 잔소리한다고 생각할까 봐 걱정 돼. 다른 방법은 없을까?"

"그럼 제가 알람 맞춰 놓을게요."

아이는 한 시간 동안 게임을 한 후 알람이 울리자 잠시 아쉬워하더니 스스로 컴퓨터를 끄고 숙제를 시작합니다. 그리고 30분도 지나지 않아 숙제를 끝냅니다. 평소와 다른 행동에 엄마는 신기하기도 하고 의아하기도 합니다. 혹시 숙제를 아무렇게나 했나 싶어 살펴보니 제대로 잘해 놓았습니다. 이날 엄마의 아이 사랑법은 엄마가 바라는 대로 제 할 일을 잘하는 아이의 모습으로 성장하도록 도와주었습니다.

아이가 인성 좋은 아이로 자라길 바라는 진경이 엄마는 진경이가 친구랑 잘 지내지 못해 늘 걱정입니다.

"엄마, 친구가 나랑 안 놀아 준대."

"네가 어떻게 했는데 친구가 그래? 네가 좀 잘하지 그랬니. 좀 참지 그랬어."

"아무도 나랑 안 놀아 주면 어떡하지?"

"그렇게 생각하지 마. 괜찮을 거야."

이렇게 말하다 아차 싶어 좀 다르게 대화해 보기로 합니다.

"잠깐, 다시 생각해 보자. 그 아이가 너를 싫다고 하면 너도 그 친구랑 꼭 놀지 않아도 돼. 싫다는데 억지로 놀 필요는 없어. 그 아이가 널 싫어하는데 네가 그 아이를 좋아할 필요는 없어."

아이의 얼굴이 갑자기 환해지면서 엄마에게 묻고 또 묻습니다.

"엄마, 그래도 돼? 진짜 그래도 돼?"

진경이 엄마는 그 순간 자신의 말이 아이의 마음을 이렇게 편하게 해 주었나 싶어 놀랐습니다. 늘 아이의 잘못을 먼저 지적하다가 겨우 한 번 편들어 주었을 뿐인데, 싫은 친구가 있을 수도 있다고 말해 주었을 뿐인데 아이의 얼굴이 이렇게 환해지다니 정말 의외였습니다.

그리고 그동안 "네가 잘못했으니까 그렇지"라는 말이 아이에게 얼마나 큰 상처를 주었을지 생각하니 마음이 아팠습니다.

진경이는 잘 웃지 않는 아이, 늘 우울하거나 아니면 화가 나 있는 아이였습니다. 그런데 생각해 보니 친구가 안 놀아 줘서 힘든 것이 아니라 엄마가 늘 아이의 잘못만 지적해서 아이에게 문제가 생긴 것임을 깨달았습니다. 엄마의 바람은 너무 좋은 바람이었지만 엄마의 사랑법이 적절하지 않아 그동안 그렇게 힘이 들었나 봅니다. ☕

잘 키우려 노력해도 힘든
심리학적 이유, 불안정 애착

"아이를 잘 키우기 위해 많이 노력하시죠?"

"네. 그런데……."

선뜻 당당하게 대답하기 어렵습니다. 노력은 하는데 그 노력에 비해 결과가 흡족하지 않기 때문이겠지요. 엄마는 항상 최선을 다합니다. 유아기 자녀의 부모는 아이를 잘 먹이고 잘 재우고 안전하게 키우기 위해 노력합니다. 책도 열심히 읽어 주고 바른 생활 습관을 갖추기 위한 훈육과 한글 교육도 시작합니다. 아이 교육에 관한 정보를 모으고 의견을 구하기도 합니다. 이렇게 노력하다 보면 하루가 어떻게 지나가는지 모를 지경입니다.

아이가 초등학생이 되면 더 많은 일이 기다립니다. 학교 알림장을 챙기고 숙제와 공부도 시켜야 합니다. 또래 아이를 둔 학부모들과 모여 아이들 교육에 관한 이야기도 나누어야 하고 때로는 급식 당번이나 녹색어머니 활동 같은 학교 일도 해야 합니다. 아이들 간식 챙기고 학원에 시간 맞춰 보내거나 데려다 주어야 하고 학원 숙제까지 챙겨야 합니다. 자나 깨나 아이의 교육에 관해 고민합니다. 24시간 내내 잠시도 쉬지 않고 아이를 위해 노력하는 셈입니다. 그런데 이렇게 노력해도 아이가 잘 자란다는 확신이 들지 않을 땐 어떻게 해야 할까요? 아이를 다그치거나 더 좋은 학원을 알아보기 전에 먼저 엄마와 아이의 관계가 어떤지 점검해야 합니다.

아이가 부모 마음에 흡족한 모습으로 자라기 어려운 이유는 여러 가지가 있습니다. 그중에서도 우리가 꼭 짚어 보아야 할 것은 엄마와 아이의 애착 관계입니다. 아이가 태어나서 가장 중요한 시기인 영유아기에 주요 양육자인 엄마와의 관계 형성이 불안정해 아이가 내재적 불안을 갖게 된 경우가 있습니다. 이런 경우엔 잘 키우기 위해 아무리 노력해도 엄마의 마음이 전달되지 않아 아이는 엄마 마음을 몰라줍니다. 이럴 땐 엄마와 아이의 관계에서 무엇이 어떻게 잘못되었는지 살펴보는 게 중요합니다. 잘못 채워진 첫 단추를 풀어서 다시 바르게 꿰는 작업이 먼저 이루어지는 게 순서일 것입니다.

애착이 중요해요

 '애착'이란 영국의 아동정신분석학자 존 볼비가 정의한 용어로 사랑하는 대상과 관계를 유지하려는 행동을 뜻하는 정신분석학적 용어입니다. 애착 관계는 사람이 어떻게 현재 자신의 모습이 되었는가에 대한 가장 많은 정보를 제공합니다. 기본적으로 현재의 우리를 형성하는 것은 초기 유년기의 실제 관계라고 합니다. 안정된 애착이란 특정한 두 사람 간에 형성되는 강한 애정적 유대 관계입니다. 모든 유아가 1세 이내에 엄마 아빠 및 그 외에 한두 명의 가까운 사람들과 특별한 유대감을 형성하게 됩니다. 그 관계를 바탕으로 형제자매, 조부모, 또래 등 타인들과의 상호작용 방식이 발달합니다. 이런 초기의 애착 관계가 아이의 정서적 안정성과 대인 관계 등 사회적 발달의 중요한 기반이 됩니다. 우리 아이는 엄마 아빠와 어떤 감정적 유대감을 가지고 있을까요?
 애착에는 중요한 기능이 있습니다. 유아에게 근본적인 안전 기지를 제공합니다. 아이는 놀고 싶을 때뿐만 아니라 괴롭고 피곤하고 짜증이 날 때, 배가 고프고 아프거나 두려울 때와 같은 스트레스 상황이 생기면 애착 대상과 가까이 있으려고 합니다. 다른 사람보다 아이와 애착 관계를 형성한 사람이 아이를 쉽게 달래고 안정시킬 수 있기 때문입니다. 애착 대상과 함께 있을 때 아이는 즐겁습니다. 낯선 대상을 만나도 크게 불안해하지 않습니다. 아이는 애착 대상을 안전 기지 삼아 주위 환경을 탐색하며 세상으로 천천히 한 걸음씩 나아가게 되는 것입니다.

안정적인 애착 관계가 형성되지 않은 아이는 이와 반대의 모습을 보입니다. 자주 불안해하고 낯선 상황이나 작은 스트레스를 견뎌 내는 힘이 부족합니다. 자주 짜증을 내거나 한 가지에 제대로 집중하지 못합니다. 유아기에 형성된 애착 패턴은 청소년기에도 영향을 미쳐 여러 가지 문제 행동이 발생하는 근원적 이유가 되기도 합니다.

아이를 잘 키우려고 열심히 노력하는데도 이상하게 생각처럼 되지 않는다고 여겨진다면 우리 아이와 엄마의 관계를 한번 점검해 보세요. 엄마가 옆에 있어도 아이가 불안해하지는 않나요? 아이가 원하는 걸 주어도 만족하지 못하고 금방 또 다른 것을 찾지는 않나요? 혹시 아이와의 관계가 불안정하다고 생각되고 마음 편한 친밀감이 별로 느껴지지 않는다면 아이와 다시 친해지려는 노력을 기울여야 합니다. 좋은 심리치료사가 환자에게 하는 것은 아이를 잘 키우는 부모가 자녀에게 하는 것과 유사하다는 말이 있습니다. 안정된 아이로 잘 성장하도록 도와주기 위해서는 좋은 엄마가 되어 아이와 아주 친해져야 합니다.

불안정 애착, 어떻게 시작될까요?

어린이집 선생님들의 이야기를 들어보면, 매년 새로운 아이들을 맞이하는데 해가 다르게 어린이집에 적응하지 못하는 아이들이 늘어난다고 합니다. 심리적인 안정감이 부족하고 문제 행동을 보이는 아이들이 갈수록 많아진다고 합니다. 상담센터에서도 마찬가지입니다. 초등학교에 갓 입학한 1학년 아이를 데리고 상담실로 내원하는 엄마들이 점점 많아지고 있습니다. 왜 이런 현상들이 나타날까요? 예전보다 아이를 잘 키우는 방법에 관한 지식도 많아지고, 인터넷으로 육아 정보를 찾기도 훨씬 더 쉬워졌는데 왜 아이들은 정서적으로 불안해지고 이상 행동을 많이 보이는 걸까요?

안정적인 애착이 부족해진 이유를 좀 다른 시각으로 살펴보겠습니다. 요즘은 길에서 포대기로 아기를 업은 엄마의 모습을 보기가 힘듭니다. 그리고 턱받이를 하고 다니는 아기의 모습도 보기 어렵습니다. 아마 이 두 가지 아기 용품은 좀 더 세련된 무언가로 대체되었겠지요. 난데없이 웬 포대기, 턱받이 타령이냐고요? 이 두 가지가 없어진 것은 단순히 불편한 아기 용품이 사라진 것이라고만 생각할 수 없습니다. 아기를 포대기에 감싸 업으면 아기는 엄마와의 밀착으로 심리적 안정감을 얻게 됩니다. 자꾸 안아 주면 손 탄다, 울 때마다 달래

주면 아이 버릇이 나빠진다, 시간 맞춰 우유를 먹여야 한다, 따로 재우면서 수면 습관을 길러야 한다 등등 아이를 키우는 것과 관련해 흔히 하는 말들이 있습니다. 예전에는 이런 걱정을 할 정도로 늘 아기를 업어 주고 하루 종일 아기와 함께 지냈습니다. 하지만 지금은 다릅니다. 그 말들대로 키우면 아이의 안정적인 애착 관계에 문제가 생길 정도로 상황이 많이 달라졌습니다. 요즘 엄마들은 가능하면 자주 포대기로 아이를 업어 주어야 합니다.

턱받이는 아이가 스스로 먹으려고 애를 쓰는 과정에서 음식을 흘리거나 묻히게 되므로 아기의 필수품이었습니다. 턱받이를 하고 혼자 먹으려 애를 쓴다는 것은 자율성을 획득하기 위한 노력입니다. 다 흘리고 먹어도 잘 먹는다고 칭찬해 주는 엄마의 얼굴을 보며 스스로 '난 꽤 괜찮은 사람', '혼자서도 잘하는 사람'이라는 생각을 갖게 되지요. 턱받이가 필요 없다는 것은 엄마가 아주 깔끔하게 아이에게 먹여 준다는 뜻이 됩니다. 초등학생 중에도 엄마가 밥을 먹여 주는 아이가 있는 걸 보면 턱받이가 사라진 것은 결코 단순하게 생각해 버릴 일이 아닙니다. 엄마는 턱받이를 한 아이에게 스스로 먹을 기회를 많이 제공하고 아이의 행동에 박수 치며 격려해 주어야 합니다.

포대기와 턱받이가 사라진 것은 단순한 사건이 아닙니다. 아이들의 정서적 불안의 신호탄이 될 수도 있고, 비자율적인 아이로 성장하는 시발점이 되기도 합니다. 아이가 아직 어리다면 아이의 심리적 안정감을 위해 '난 세상에서 가장 사랑받는 아기', '꽤 괜찮은 사람'이라는 느낌이 들도록 포대기와 턱받이로 탄탄한 애착 육아를 시작해 보면 좋겠습니다.

엄마와 친한 아이, 진짜 엄친아로 키워 주세요

당신은 아이와 친하신가요? 안정적인 애착을 형성하기 위해 아이와 친해지면 좋겠습니다. 사랑하는 것과 친한 것은 다릅니다. 잘 키우기 위해 노력한다고 해서, 날마다 아이와 함께 시간을 보낸다고 해서 친한 것은 아닙니다. '친하다'는 말은 '가까이 사귀어 정이 두텁다'는 의미입니다. 아이와 친해지기 위해서는 우선 자녀의 의견을 존중해 주세요. "너는 어떻게 생각하니? 네 생각은 뭐야?" 하고 항상 자녀의 의견을 묻는 게 중요합니다. 아이를 위한다고 하지만 일방적으로 지시하고 명령하는 방식은 아이로 하여금 존중받는다는 느낌을 가질 수 없게 합니다. 그렇게 말하는 엄마나 아빠와 친하다고 느낄 수는 없겠지요. 그래서 부모에게 아이와 친하냐고 물어보면 대부분 친하다고 대답하지만 아이들에게 물어보면 과반수 정도의 아이가 고개를 갸우뚱하는 것을 볼 수 있습니다.

소아정신과 최고 명의로 꼽히는 노경선 박사는 《아이를 잘 키운다는 것》에서 이렇게 말합니다.

"자녀 양육의 첫 번째 덕목은 처음부터 마지막까지 '친함'에 두어야 합니다. 좋아하는 사람이 하는 얘기는 거부감이 없고, 좋아하는 부모가 하는 행동은 즐겁습니다. 또 좋아하는 부모가 해 주는 말은 귀 기울여 듣고 싶어집니다. 아이와 재미있게 놀아 주세요. 부모와 잘 노는 아이가 부모와 친해질 수 있습니다."

노경선 박사는 원만한 대인관계를 가지려면 다른 사람과 함께 있을 때 재미있고 좋았던 기억이 있어야 한다고 말합니다. 또 부모와 친한 아이는 충동을 억제할 줄 알고 자기 스스로 동기 부여를 하며 스트레스에 대한 내성도 강하다고 조언합니다.

엄마랑 친한 아이가 진짜 '엄친아'입니다. 우리가 부러워해야 할 아이도 바로 진짜 '엄친아'지요. 엄마랑 친한 아이로 키우기 위해선 아이가 언제 엄마랑 친하다고 느끼는지 알아야겠지요. 30여 명의 초등학생들에게 물어보았습니다.

- 엄마가 맛있는 음식을 해 줄 때
- 엄마가 친절하게 웃으며 말할 때
- 엄마가 사랑한다고 말하며 안아 줄 때
- 가족이 함께 외식할 때
- 친구랑 놀아도 된다고 허락해 줄 때

- 내가 갖고 싶은 것 사 줄 때
- 아픈 나를 간호해 줄 때
- 내 마음을 알아줄 때

아이랑 친해지기 위해 아이가 말하는 것을 모두 다 들어줄 필요는 없습니다. 이 중에서 가장 중요한 것을 찾아보겠습니다. 맛있는 것을 해 주어도 내 마음을 몰라준다면 그 음식은 더 이상 맛있게 느껴지지 않을 것입니다. 엄마가 웃으며 사랑한다고 말하고 안아 주어도 진짜 내 마음을 몰라준다면 그 미소와 포옹이 그다지 따스하지 않겠지요. 아이들이 말하는 것 중에서 가장 핵심은 엄마가 내 마음을 알아주는 것입니다. 결국 친한 사이란 내 마음을 잘 알고 이해해 주는 사람, 내가 힘들 땐 언제든 달려가서 안길 수 있는 사람입니다.

만약 아이와 안정된 애착을 형성하는 방법이 너무 막연하게 느껴진다면 친한 친구 사이에서는 어떻게 하는지 생각해 보세요. 오래된 친한 친구와 어떻게 관계를 유지해 왔는지 생각해 보면 됩니다. 친한 친구들은 우선 서로의 마음을 잘 알아줍니다. 친구가 표정이 조금만 어두워도 무슨 일이 있는지 물어보고 위로해 주려고 애를 씁니다. 아주 민감하게 친구의 마음을 알아차립니다. 그리고 자신이 알고 있는 가장 적절한 방법으로 반응해 줍니다. 바로 민감성과 반응성이 발휘되는 순간입니다.

민감성과 반응성

대안학교에 입학한 고등학교 1학년 남학생을 만났습니다. 이 소년은 중학교 다닐 때 학교에 적응하길 어려워했고 가출도 수없이 반복했습니다. 그나마 고등학교 과정을 대안학교에서 시작하게 된 것이 다행이었습니다. 소년의 부모님은 전문직 종사자로, 두 분 다 사회에서 인정받는 분들이었습니다. 당연히 아이의 성적에 관심이 많았고, 부모의 눈에 아이의 성적은 늘 부족하게만 보였습니다. 공부 타령만 하는 부모와 갈등을 빚던 소년은 중학생이 되면서 엄마와 언성을 높이는 일이 자주 일어났습니다.

저는 이 소년이 대안학교에 입학한 것을 어떻게 받아들이고 있을지 짐작이 되지 않았습니다. 예상대로 상담가인 제가 무슨 이야기를 해도 아이는 별 반응을 보이지 않았습니다. 그러다 낙서할 종이를 주자 아이는 '가출'이라는 단어를 무심코 썼습니다.

"가출해 봤니?"

"네."

"몇 번?"

"스물여덟 번요."

"헉! 그렇게 많이?"

놀라웠지만 곧 다시 마음을 가다듬고 질문을 했습니다.

"왜 그만큼이나 가출했니?"

잠시 머뭇거리던 아이는 말합니다.

"엄마랑 끝장 안 보려고요."

그 순간 아이의 외로움과 슬픔이 그대로 느껴졌습니다. 끝장을 안 보기 위해 집을 나올 수밖에 없었다는 아이의 말에서 엄청나게 폭발한 엄마의 모습이 그려집니다. 그 앞에서 분노와 원망으로 씩씩거리는 아이의 모습도 보입니다. 그 자리에 더 있다가는 자신이 무슨 짓을 할지 몰라 박차고 나올 수밖에 없었던 아이의 마음을 왜 엄마는 몰랐을까요? 왜 엄마는 아이의 마음을 민감하게 알아채지 못했을까요? 문제아로만 보이던 아이의 마음속에 이렇게 혼자서 자신을 조절하기 위한 엄청난 노력이 있었다는 것을 부모는 정말 몰랐습니다. 혼자서 그 상황을 어떻게든 잘 해결해 보려고 애쓴 아이의 그 마음이 너무 안쓰럽고 아팠습니다.

민감성이란 아이가 투덜대면 "피곤하구나", "배가 고파서 그렇구나", "졸리구나" 하며 아이의 상태를 민감하게 알아차리고 칭얼거리는 아이의 의도를 제대로 이해하는 것입니다. 알아차리기 어려우면 아이가 어떤 생각을 하고 왜 그런 행동을 하는지 관심을 갖고 끊임없이 물어보아야 합니다. 물어보지도 않고 아이의 행동을 평가하고 잔소리만 하는 것은 아이 마음에 상처를 입히는 행동입니다. 그 상처가 덧나서 더 큰 병이 되거나 폭발해 주변 사람까지 화를 입기도 합니다.

알아차린 것에 적절한 행동으로 반응하는 것이 반응성입니다. 배가 고프면 먹을 것을 주고, 졸리면 편안히 잠들 수 있도록 업어 주거나 자장가를 부르며 토닥여 줍니다. 피곤하면 푹 쉴 수 있는 환경을 만들어 줍니다. 이렇게 민감하게 알아차리고 적절하게 반응하면 아이는 '우리 엄마가 내 마음을 잘 아는구나'라고 생각하게 됩니다. 안정적인 애착 관계를 형성하게 되는 것이지요.

그렇지 않고 아이가 찡그리는데 "왜 그래? 말을 해야 알지. 왜 말 안 해?"라고만 반응하면 상호작용이 어려워집니다. 아이가 찡그리는 데는 여러 가지 이유가 있습니다. 의도도 다양할 수 있습니다. 좋은 부모는 그것을 통찰하고 알아차립니다. 아이의 의도가 무엇인지, 불편한 게 무엇인지 알아차리는 것이지요. 그리고 적절한 반응을 보여 줍니다. 만약 그렇지 못할 경우 아이는 계속해서 화를 내거나 더 파괴적인 행동을 할 수밖에 없습니다. 이렇게 불안정한 애착 관계를 형성하면 살아가는 내내 그 모습에서 벗어나기 어렵습니다.

소년의 부모님은 늦었지만 아이에 대해 새롭게 이해하고 적절히 반응해 주었습니다.

"네가 많이 힘들었겠구나."

"엄마가 많이 원망스러웠겠다."

"엄마가 네 마음을 몰라줘서 미안해."

"네가 마음 편하고 행복한 시간을 보냈으면 해."

그 아이는 참 멋진 아이였습니다. 다른 친구를 배려하거나 분위기를 이끄는 것도 잘했습니다. 아이의 마음을 이해한 부모님과의 화해로 아이는 좀 더 행복한 고등학교 시절을 보내게 되었습니다.

불안정한 애착으로 인해 유치원과 학교 생활이 어려운 아이를 위한 가장 좋은 심리치료는 바로 좋은 엄마의 모습을 보여 주는 것입니다. 좋은 엄마는 아이의 의도를 읽고 그 마음을 담아냅니다. '담아내기(containment)'란 아이가 견딜 수 없는 감정적 경험을 엄마가 자기 안에서 걸러내고 처리해 아이가 견딜 수 있는 형태로 되돌려 주는 것입니다. 스스로 감당할 수 없는 불편함을 엄마가 이해해 주고 알아들을 수 있는 말로, 문제를 해결해 주는 반응으로 돌려주는 것이지요.

혹시 좋은 엄마 되기가 어렵게 느껴진다면, 민감성과 반응성을 갑자기 높이기가 어렵다면 우선 아이와 잘 놀아 주세요. 놀면서 아이와 친해지는 것입니다. 아이의 마음을 알아주는 대화가 보태지면 금상첨화겠지요. 놀이를 통한 신체 접촉과 함께 웃는 웃음, 그리고 아이의 마음을 알아주는 대화로 진행되는 친해지기 활동으로 아이는 다시 엄마와 가까워질 수 있습니다. 또한 정서적 안정감도 되찾기 시작할 것입니다.

마음 편하고 즐겁게
아이를 잘 키우는 비결, 대화

여러분의 말은 성장의 힘을 가졌나요, 파괴의 힘을 가졌나요? 부모는 아이에게 하루 종일 말을 합니다. 어떤 말은 아이를 위로하고 힘을 줍니다. 어떤 말은 아이를 외롭고 슬프게 하고 좌절하게 만듭니다.

집에 놀러 온 친구가 커피를 쏟으면 뭐라고 말하나요? "왜 이렇게 조심성이 없니?"라고 말하지는 않습니다. 손을 데지는 않았는지, 깨진 커피 잔에 손을 베이지는 않았는지 걱정하지요. 그런데 아이가 우유 잔을 떨어뜨리면 뭐라고 말하나요? 엄마 아빠가 좋은 친구 대하듯 아이에게 말하면 얼마나 좋을까요?

한번 생각해 보세요. 부모인 우리가 살아온 수십 년의 세월 동안 우리는 우리의 어머니와 아버지로부터 무수히 많은 이야기를 들었습니다. 어릴 적 부모님이 우리에게 해 준 말 중 어떤 말이 기억나나요? 기억나는 말 중에서 여러분을 행복하게 해 주고 성장하게 도와준 말은 어떤 말인가요?

제 어머니는 잔소리가 참 많은 분이셨습니다. 제게는 대한민국에서도 손꼽힐 정도의 잔소리꾼이라고 느껴졌습니다. 많은 일을 완벽하게 해내셨던 만큼 자식도 완벽하기를 기대하신 것이지요. 그런데 수없이 들은 잔소리의 내용은 별로 기억하고 싶지 않습니다. 제가 붙들고 싶은 기억은 엄마가 저를 밝은 표정으로 환영해 주셨던 기억입니다. 절 다독여 주실 때 "아이고, 우리 막내" 하시던 말씀입니다. 그리고 제가 얼마나 침착한 아이인지, 초등학교 1학년 때 담임선생님이 당시 10만 원이라는 큰돈을 은행에 저금하고 오라는 심부름을 시킬 정도였다며 남들 앞에서 자랑하시던 말씀입니다. 그런 말만 기억하고 싶습니다. 그런 말들이 제가 건강한 마음으로 살아갈 수 있는 힘이 되어 준다는 것을 뼈저리게 느끼니까요. 저의 낙천성, 회복 탄력성과 같은 것들은 모두 마음속에 남아 있는 부모님의 따뜻한 말의 힘입니다.

여러분은 어떤 말을 기억하나요? 혹여 부모님이 마음에 상처를 준 말이 아직도 기억에 남아 있나요? 그 기억이 살아가는 데 힘이 되어 주나요, 아니면 잘 지내다가도 그 말만 생각하면 기분이 나빠지고 원망하는 마음이 생기나요?

사람은 좋은 말의 힘으로 살아갑니다. 좋은 말을 많이 듣고 나누면 바로 그 말이 사람을 키워 줍니다. 이렇게 하는 데는 많은 돈도, 많은 시간도 필요하지 않습니다. 아이를 잘 키우는 방법 중에 이렇게 효과적인 것도 없을 것입니다. 다만 지금까지 해 온 말과 다르기에 입에 붙지 않아 어렵게 느껴질 뿐이지요. 말의 힘을 알면 좀 더 쉽게 우리의 말을 변화시켜 갈 수 있을 것입니다.

마음을 움직이는 말의 힘

"나는 눈이 보이지 않습니다(I am Blind)"라고 쓰인 팻말을 목에 걸고 거리에 앉아 구걸하는 시각장애인이 있었습니다. 그의 빈 깡통에 돈을 넣어 주는 사람은 거의 없었습니다. 그 앞을 지나던 어떤 사람이 그의 팻말을 벗겨 무언가를 다시 써 넣었습니다. 영문을 모르는 시각장애인은 다시 그 팻말을 목에 걸고 앉아 있었습니다. 갑자기 사람들이 그의 깡통에 돈을 넣어 주기 시작했습니다. 사람들의 반응은 아주 뜨거웠습니다. 도대체 무슨 일이 있었던 걸까요? 길을 지나던 사람이 적어 준 것은 바로 다음과 같은 말이었습니다.

"봄이 옵니다. 하지만 저는 볼 수가 없습니다(Spring is coming. But I

can't see it)."

　이 이야기는 1920년 뉴욕에서 있었던 실화입니다. 팻말을 다시 써준 사람은 프랑스의 시인 앙드레 브르통이었습니다.

　좋은 말은 사람의 마음을 움직입니다. 엄마 아빠의 말은 아이의 마음을 움직입니다. 행복한 아이, 멋진 아이로 성장하게 하는 가장 큰 힘은 엄마 아빠의 좋은 말입니다.

아이와 성공적인 대화를 나누는 부모들

　엄마가 24개월 된 민서를 데리고 외출 준비를 합니다. 약속 시간이 다 돼서 분주하게 준비하는데 민서를 보니 로션을 있는 대로 짜서 앞머리에 잔뜩 발라 엉망이 된 채로 서 있습니다. 급하게 세면대 옆 욕조에 발을 올려 무릎을 세우고 아이 등을 받쳐 세면대에서 머리를 감깁니다. 민서에게는 불편한 자세입니다. 아니나 다를까 민서는 힘들다고 칭얼거리며 자꾸 몸을 일으켜 세우려고 버둥거립니다.

　"우리 민서 힘들구나. 엄마가 이렇게 머리 감겨서 힘들구나."

　"응. 머리 아파."

　"민서야, 우리가 지금 나가야 하는데 시간이 없어서 이렇게 하고 빨리 감아야 해. 힘들어도 조금 참아 줄 수 있니?"

그러자 신기하게도 아무렇지도 않게 "응" 하고 대답합니다. 정말 거짓말처럼 전혀 불편하지 않은 듯이 꾹 참고 있습니다. 24개월밖에 안 된 어린아이가 엄마의 말을 알아듣고 투정을 부리지 않는 게 너무 신기합니다. 그날 민서와 엄마는 참 행복한 외출을 했습니다.

6살 수영이가 오빠랑 가위바위보 놀이를 합니다. 수영이는 자기가 지면 오빠를 때리며 소리를 지릅니다. 자꾸 동생에게 맞는 오빠가 속상할까 봐 "수영이가 질 때마다 때려서 속상하겠다" 하니 큰아이는 웃으며 "아냐, 엄마. 괜찮아. 귀여워. 별로 아프지도 않고"라고 웃으며 말합니다. 수영이에게는 "수영이가 이기고 싶은데 져서 화가 났구나" 하니 별말 하지 않았지만 화내지 않고 오빠랑 계속 놀겠다고 합니다. 엄마는 두 아이가 사이좋게 노는 모습을 보니 너무 행복합니다.

7살 서연이는 유치원에 가기가 싫습니다.

"서연이가 유치원에 가기 싫구나."

"응. 전부 다 재미없어."

"서연이가 미술이랑 책 읽기는 좋아하는데 오늘은 그것도 싫은가 보구나."

"응. 그것만 빼고 다 재미없어."

"다른 게 다 재미가 없어졌구나."

"난 밥만 안 먹으면 좋겠어."

"우리 서연이가 밥 먹는 게 싫구나. 엄만 밥 안 먹으면 서연이가 배고플까 봐 걱정되는데."

"육개장이 너무 싫어. 매운 것도 싫고. 육개장을 많이 주거든."

"서연이가 육개장이 먹기 싫구나."

"엄마, 나 옛날 유치원에 다시 갈래."

"육개장이 싫어서 옛날 유치원이 생각나는구나."

"응. 그런데 육개장 안 먹겠다고 선생님한테 말해도 돼?"

"안 먹는다고 말하면 선생님이 혼내실까 봐 걱정되는구나."

"응. 전에 지수가 나물 반찬 안 먹는다고 말했는데 선생님이 억지로 먹으라고 했거든."

"육개장을 억지로 먹어야 할까 봐 걱정되는구나. 엄마가 어떻게 도와줄까?"

"엄마가 선생님한테 말해 주면 안 돼? 내가 말하면 안 된다고 하실 거야."

"알았어. 그 정도는 도와줄 수 있어. 이유를 잘 말해 줘서 너무 고마워. 사랑해."

엄마는 유치원 선생님에게 육개장이 매워서 아이가 힘들어한다는 말을 전했습니다. 선생님은 원장님과 의논해서 맑은 소고깃국으로 바꾸겠다고 말했습니다. 유치원에 다녀온 서연이는 오늘 급식이 무척 맛있었다며 엄마를 꼭 안아 줍니다.

3학년 민석이는 축구를 무척 좋아합니다. 월드컵 예선 경기에서

우리나라가 졌습니다. 민석이는 화가 났습니다. 엄마는 밤늦은 시간
이고 다음 날 아침 일찍 태권도 학원에서 스케이트장에 놀러 가기로
했으니 민석이가 이제 그만 잠을 잤으면 좋겠습니다.

"민석아, 이제 그만 자야지."

"싫어요. 짜증 나. 잠도 안 와요."

"민석이가 피곤해서 스케이트를 재미있게 못 탈 것 같아 걱정돼."

"그래도 싫어요. 저 안 피곤해요."

"우리나라 축구 팀이 져서 속상하구나."

"네. 심판이 너무 나빠요."

"심판 때문에 진 것 같아 많이 화가 나는구나. 엄마가 열심히 응원
안 한 게 미안하네."

"그러게 엄마도 열심히 응원했어야죠."

"그래, 미안해. 엄마가 응원 열심히 할 걸 그랬구나."

"이제 잘게요. 늦지 않게 깨워 주세요."

아이는 축구를 좋아하지 않는 엄마가 그렇게 말해 주니 기분이 풀
리나 봅니다. 민석이는 금방 잠이 들었습니다. 민석이 얼굴에 뽀뽀해
주고 머리를 쓰다듬으니 엄마의 마음도 평온해집니다.

'말하기 – 듣기'가 아니라
'듣기 – 말하기'예요

 왜 '듣기 – 말하기'일까요?

2009년 초등학생의 《말하기 · 듣기》 교과서는 《듣기 · 말하기》로 바뀌었습니다. 듣기의 중요성에 대한 시대적 요구가 반영된 변화지요. 그만큼 우리 아이들의 듣기 태도와 능력은 중요합니다. 교과서 제목을 바꿔 듣기를 강조한 만큼 우리 아이들의 듣기 실력이 눈에 띄게 나아지면 좋겠습니다. 서로의 마음을 잘 들을 수 있다면 지금 아이들 사이에서 일어나는 슬픈 일들은 없어질 것입니다.

 "잘 들어" 대신 "잘 들을게"

우리 아이들은 '듣는 엄마', '듣는 아빠'를 경험하기가 어렵습니다. 듣는 것 같아 보일 때조차도 사실은 아이 말을 자르고 훈계하기 일쑤입니다. 이래서야 아이가 잘 듣는 아이로 성장하기란 정말 어렵습니다. 잘 듣는 아이로 자라기 위해서는 먼저 자신의 말을 잘 들어주는 누군가가 필요합니다. 듣기의 중요함을 배운 아이는 다른 사람의 말도 잘 들을 수 있습니다. 이제 "잘 들어"라고 말하기 전에 아이의 말을 한번 들어보세요. "나중에", "이따가"라는 말로 더 이상 아이의 말을 외면하지 않았으면 좋겠습니다. 아이가 말하려고 하면 잠시 멈추고 아이의 눈을 바라보세요. 미소 띤 얼굴로 "엄마가 잘 들을게. 천천히 하고 싶은 말을 해 보렴" 하고 말해 주세요.

 듣기와 말하기는 4대1

귀는 두 개입니다. 둘 다 듣기에만 사용하니 듣기의 크기는 2입니다. 입은 한 개입니다. 말하기와 먹기에 사용하니 각각의 크기는 2분의 1입니다. 그렇다면 듣기와 말하기의 비율은 '2:1/2=4:1'이라는 계산이 나옵니다. 우리 신체가 우리에게 전달하는 중요한 신호는 바로 네 번 듣고 한 번 말하라는 것 아닐까요?

'스피치'하지 말고
'토크'하세요

 '스피치'할까요? '토크'할까요?

스피치(speech)는 연설입니다. 연설이란 여러 사람 앞에서 자기의 주의나 주장 또는 의견을 진술하는 것을 말합니다. 토크(talk)는 말하는 것입니다. '말하다'는 생각이나 느낌 따위를 말로 나타내는 것을 뜻합니다. 훈계, 설명, 비판이 아이의 마음에 다가가기 어려운 이유는 토크가 아니라 스피치이기 때문입니다. 바로 지금 여기, 우리 앞에 있는 아이에게 스피치한다면 강연장의 연사와 청중만큼이나 거리가 멀어지게 마련입니다. 오프라 윈프리의 쇼가 웃음과 감동을 전달하는 세계 최고의 토크 쇼가 된 이유는 바로 토크이기 때문입니다. 시간과 공간의 한계를 넘어 서로의 마음을 교감할 수 있었기 때문이지요. 이제 우리에게 필요한 것은 분명합니다. 스피치하지 말고 토크하세요.

토크는 아무도 가르쳐 주지 않습니다

'스피치'라고 검색하면 '학원'이라는 말이 자동으로 따라붙습니다. 반면 토크를 검색하면 가르쳐 주는 곳을 하나도 찾을 수 없습니다. 아이가 다른 사람과 마음을 나누는 대화를 할 수 있도록 가르쳐 줄 수 있는 사람은 부모뿐입니다. 시작하기가 어색하다면 토크쇼를 흉내 내 보세요. SBS 〈스타 주니어쇼 붕어빵〉의 '주니어 완전정복'이라는 코너에서는 어른들이 모르는 아이들의 속마음을 주제로 아이들이 이야기를 나눕니다. '내 인생에서 가장 긴장된 순간', '엄마 아빠가 쓸쓸해 보일 때', '더 이상 듣기 싫은 엄마 아빠의 자랑', '엄마가 아빠보다 좋을 때', '엄마 아빠가 낯설게 느껴질 때', '내가 생각하는 좋은 부모님' 등의 주제로 아이들이 자신의 생각을 말합니다. 어른들은 전혀 생각지도 못했던 이야기들이 시청자의 관심을 끕니다. 아이가 자신의 마음을 부모님과 함께 나누기 어렵다면 한번 따라 해 보아도 좋을 듯합니다.

Part 02_

엄마와 아이,
마음 상태에 따라
대화가 달라야 해요

엄마 마음과 아이 마음,
어떤 상태인가요?

　아이와 대화를 시작하기 전, 우선 서로의 마음이 어디에 머물러 있는지 알아보는 것이 중요합니다. 마음이 안정된 상태인지 아니면 불편한 상태인지 판단해 보세요. 우리는 마음 상태에 따라 대화가 얼마나 달라지는지 잘 압니다. 서로의 말 때문에 후회하거나 상처 받는 이유도 바로 이 때문이지요. 이제 말하기 전에 서로의 마음 상태를 먼저 살펴보세요. 두 사람의 관계에서 마음 상태는 네 가지로 나눠 볼 수 있습니다. 아이의 마음이 불편할 때, 엄마의 마음이 불편할 때, 두 사람 모두 불편한 마음일 때, 그리고 두 사람 다 편안한 마음일 때입니다.

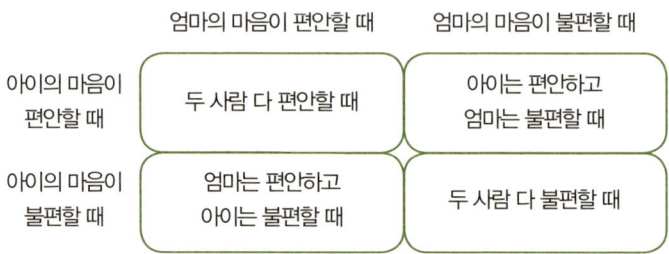

	엄마의 마음이 편안할 때	엄마의 마음이 불편할 때
아이의 마음이 편안할 때	두 사람 다 편안할 때	아이는 편안하고 엄마는 불편할 때
아이의 마음이 불편할 때	엄마는 편안하고 아이는 불편할 때	두 사람 다 불편할 때

마음의 위치를 파악해 볼까요?

좋은 대화는 서로의 마음 상태를 잘 이해해야 가능합니다. 아이의 마음이 불편할 땐 그 불편한 마음을 알아주어야 하고, 부모의 마음이 불편할 땐 자신의 마음을 알아주어야 합니다. 두 사람 모두 불편할 땐 먼저 마음을 진정시키는 일이 우선입니다. 그래서 가능하면 두 사람 다 편안한 영역으로 옮겨 가는 것이 바람직합니다. 그 영역이 점점 커지면 좋겠습니다. 모두가 편안한 마음일 때 행복을 만끽할 수 있고 성장하기 위한 노력도 할 수 있으니까요.

지금 우리의 마음은 어떤 상태인가요? 부모의 마음이 편안해야 아이의 마음을 헤아리고 그 마음을 위로하는 마음 읽기가 가능해집니다. 부모의 마음이 불편하다면 아이를 다그치고 혼내기 전에 스스로를 위로하고 힘을 얻는 일이 우선입니다. 마음을 가라앉히고 내 마음을 안정된 상태로 옮겨 놓은 다음, 아이의 마음을 읽어 주는 게 좋습니다. 그렇지 않고 불편한 마음으로 이야기를 나누다 보면 일이 더 꼬이거나 나쁜 상황으로 치닫기만 합니다.

만일 내 마음의 자리가 옮겨지지 않는다면 차라리 대화하는 것을 나중으로 미루는 것이 좋습니다. 심리학자들이 심호흡을 하거나, 자리를 피하거나, 고무줄을 손목에 끼고 당겼다 놓아서 느껴지는 따끔함으로 마음을 진정시키라고까지 말하는 이유는 바로 여기에 있습니다. 내 마음이 불편하고 화가 난 상태에서 우리는 아이를 도와줄 수 없습니다.

마음이 편안한지, 불편한지를 먼저 파악하는 것만으로도 마음을 진정시키는 효과가 있습니다. 그리고 마음 상태를 알아야 효과적이고 현명한 방법으로 아이를 도와줄 수 있습니다. 엄마와 아이의 마음, 지금 어디에 자리 잡고 있나요?

누가 불편한가요?

여러 가지 상황이 있습니다. 엄마와 아이의 마음을 생각해 보고 편안하면 ○, 불편하면 ×로 표시해 보세요. 그리고 누가 해결해야 할 문제인지도 생각해 보기 바랍니다.

	문제 상황	아이의 마음	엄마의 마음	해결할 사람
1	아침에 아이를 깨울 때마다 너무 힘이 든다.			
2	아이가 늘 책상을 어질러 놓는다.			
3	학교에 간 아이가 전화로 준비물을 갖다 달라고 한다.			
4	학습지 선생님이 오셨는데 아이가 계속 축구를 보겠다며 나중에 오시라고 한다.			
5	아이가 잠자러 들어간 지 한참 후에 들어가 보니 만화책을 보고 있다.			
6	학교 버스를 놓쳐 차로 아이를 데려다 준다.			

누구 마음이 불편한가요? 아이의 마음이 불편한 문제라면 엄마가 여유를 가지고 아이의 마음을 위로해 주면 됩니다. "속상하구나", "힘들구나" 하고 아이의 마음만 알아주면 됩니다. 엄마가 해결사 노릇까지 하지 않아도 됩니다. 마음이 불편한 아이는 스스로 문제를 해결하려고 노력할 테니까요. 아이가 노력할 때 부모는 옆에서 조금만 도와주면 됩니다.

그런데 혹시 엄마 마음만 불편한 건 아닌가요? 아이는 아무렇지 않거나 '알아서 해결해 주겠지' 하는 태도를 보이지는 않나요? 그렇다면 엄마가 무슨 말을 해도 잔소리가 되고 아이는 엄마가 괜히 자신에게 화풀이한다고 생각할 수도 있습니다. 아이를 혼내 봤자 같은 문제가 반복되거나 감정이 폭발해서 아이 마음에 상처만 주게 됩니다.

엄마 마음이 더 불편하다면 먼저 자신의 마음을 읽고 위로하는 시간이 필요합니다. 그래야만 엄마의 마음이 편안한 지점으로 옮겨 가서 현명한 생각을 할 수 있게 됩니다. '나만 화내고 있구나', '내가 안달복달해도 아이에겐 아무 소용이 없구나' 하고 스스로에게 말해 주세요.

누가 해결할 문제인가요?

아이가 어렸을 때는 부모가 나서면 모든 일이 해결되는 것으로 생각되기도 합니다. 하지만 아이가 스스로 해결해야 할 문제를 부모가 해결해 주는 것은 다 큰 아이에게 밥을 먹여 주는 것이나 마찬가지입니다. 아이를 잘 키우려고 기울이는 모든 노력의 목적은 결국 아이가 멋지게 성장해서 혼자의 힘으로 잘살 수 있는 힘을 길러 주기 위함입니다. 그런데 아이가 해결해 나가야 할 문제들을 모두 엄마가 떠안아 아이의 자립과 성장을 방해하고 있지는 않나요? 만일 앞에 제시된 상황에서 문제를 해결해야 할 사람이 부모라고 생각된다면 좀 더 깊이 생각해 보기 바랍니다. 혹여 저런 문제들을 방치해 두면 아이가 엉망이 될까 봐 걱정이 커질 수도 있습니다. 하지만 참지 못하고 관여하면 아이의 성장 기회를 빼앗는 결과만 생겨납니다. 기회를 빼앗긴 아이는 절대 스스로 노력하지 않을 것입니다.

EBS의 〈마더 쇼크〉라는 다큐멘터리에서는 한국 엄마와 미국 엄마의 반응 양식이 비교되어 나옵니다. 아이가 단어 퍼즐을 풀 때 옆에서 지켜보는 엄마의 반응을 비교하는 실험입니다. 미국 엄마들은 대부분 아이가 스스로 풀 때까지 기다립니다. 아이가 물어봐도 엄마는 가르쳐 줄 수 없다고 말합니다. 한국 엄마들은 대부분 관여합니다. 아이에게 힌트를 주는 엄마, 단어를 직접 가르쳐 주는 엄마, 심지어 자신의 손으로 퍼즐 조각을 맞추는 엄마도 있습니다. 그렇게 옆에서 도와주고도 도와주지 못해서 답답하고 안타까웠다고 말합니다. 한국 엄마들은 아이의 문제를 자신의 문제로 생각하는 경향이 있고, 도와준다는 개념을 직접 풀어 준다는 개념으로 잘못 알고 있는 게 분명합니다. 이 프로그램을 엄마들에게 보여 주고 난 다음에 질문을 해 보았습니다.

"미국 엄마들은 무엇을 했지요?"

모두들 미국 엄마들은 아무것도 하지 않았다고 했습니다. 그렇지 않습니다. 미국 엄마들은 아무것도 하지 않은 것이 아니라 '참견하지 않으려 노력하기'를 했습니다. 한 미국 엄마는 아이가 물어보자 입술을 깨물며 "음"이라고 작은 신음 소리를 냅니다. 얼마나 가르쳐 주고 싶었을까요. 이걸 보면서 또 한 번 무언가를 '하기'보다 '하지 않기'를 선택하는 것이 얼마나 어려운지 실감했습니다. 이제 다시 한 번 생각해 보기 바랍니다. 누가 해결해야 할 문제인가요? 앞에 제시된 문제 상황에서 엄마의 마음이 많이 불편했다면 자신의 마음을 먼저 위로 하는 것이 좋습니다. 그래야만 어떻게 해야 아이가 스스로 그 문제들에 대해 책임감을 갖도록 도와줄 수 있을지 찬찬히 생각해 볼 수 있을 것입니다.

아이의 행동인가요,
부모의 판단인가요?

"아이가 산만해서 큰일이에요."

"아이가 의욕이 없어요."

"아이가 또박또박 말대꾸를 해요."

"툭하면 화를 내고 싸워요."

"아무리 공부하라고 해도 전혀 말을 듣지 않아요."

아이의 문제 행동을 호소하는 부모들의 말입니다. 이런 행동만 나아진다면 아이가 참 멋지게 성장할 것 같습니다. 아이의 행동을 변화시키기 위해 가장 먼저 점검해 보아야 할 것은 부모의 말이 모두 사실인가 하는 문제입니다. 아이가 정말 산만할까요? 아이가 정말 의

욕이 없을까요? 아이가 하는 말이 모두 말대꾸일까요? 중요한 것은 이 말들은 사실이 아니라 부모의 판단과 평가일 뿐이라는 겁니다.

"모두 다 사실이에요. 사실인데 왜 판단이라고 하나요?"

이런 의문이 든다면 좀 더 살펴봅시다. '산만하다'는 생각이 들 때 아이는 어떤 행동을 하고 있었나요? 아이가 숙제를 하다 말고 몇 분에 한 번씩 자리에서 일어났나요? 부모님이 보기에 산만하지 않다고 느끼려면 아이가 얼마만큼 집중하고 앉아 있어야 한다고 생각하나요? 사실 집중 시간에 대한 생각은 개개인마다 달라서 어떤 부모님은 초등학교 저학년의 경우 30분이면 충분하다고 말하지만 어떤 분은 그래도 한 시간은 앉아 있어야 한다고 말합니다. 그러니 아이가 산만하다는 것은 정말 개인적인 평가일 뿐이지요. "넌 왜 이렇게 산만하니?"라고 물으면 아이는 "내 친구들도 다 그래요. 나만 그런 것도 아닌데……"라며 억울해할 겁니다.

평가하고 판단하는 언어는 이렇게 방어 심리만 강하게 만듭니다. '의욕이 없다'는 말과 '툭하면 싸운다'는 말도 모두 평가하고 판단하는 말입니다. 그렇기 때문에 수없이 잔소리하고 귀에 못이 박히도록 말을 해도 아이의 문제 행동은 줄지 않고 점점 심각해질 뿐입니다. 판단이란 자기가 보고 싶은 대로 보는 것이기에 가능성과 잠재력으로 똘똘 뭉친 아이의 본질을 보지 못하는 심각한 문제를 불러일으킬 수도 있습니다.

아이의 행동, 판단하지 말고 관찰하세요

'산만한 아이'를 관찰해 보세요. 책상에 앉은 지 10분 만에 화장실에 간다고 일어나더니, 또다시 10분이 지나자 이번엔 물을 마신다고 일어납니다. '산만하다'는 판단은 '책상에 앉은 지 10분이 되자 일어났다'는 아이의 행동에 대한 부모의 판단입니다. 아이의 행동에 대해 말을 하고 싶을 땐 '눈으로 보이고 귀로 들리는' 행동을 그대로 묘사해서 '10분에 한 번 일어났다'라고 표현하는 것이 좋습니다.

아이의 행동을 보고 화가 나는 이유는 무엇일까요? 아이는 단지 어떤 행동을 했을 뿐인데 부모인 우리가 그걸 보고 판단하기 때문입니다. 판단에는 평가가 들어갑니다. 아이의 모든 행동을 보고 잘했다, 잘못했다 하는 평가의 눈으로 아이를 판단하고 있기에 잘못했다는 판단이 들면 화가 나기 시작하고 그 화를 조절하기가 어려워지는 것입니다.

판단을 하지 않고 행동만 살펴보는 게 어렵다면 한번 사진을 찍어 봅시다. 아이가 어떤 행동을 할 때 바로 그 모습을 사진으로 찍는 겁니다. 그다음에 사진을 보고 아이의 행동에 대해 이야기해 봅시다. 아이가 어떤 행동을 하고 있나요? 아이의 행동을 관찰하는 것은 어찌 보면 참 재미있는 일입니다. 원래 위대한 발견은 관찰에서 시작되니까요. 아이의 행동을 자세히 관찰하면 아이에 관한 새로운 깨달음을 얻을 수 있습니다. 눈에 보이는 것이 전부가 아니라는 총체적 통찰력을 얻게 되기도 합니다.

초등학교 3학년 준범이는 친구들과 함께하는 집단상담 시간에 상담실의 전깃불을 자주 끕니다. 아이들이 끄지 말라고 소리를 쳐도 재미를 붙였는지 더 자주 불을 끕니다. 준범이에게 말합니다.

"지난 시간에 선생님이 세어 보니 한 시간 동안 열 번 불을 끄더구나. 친구들 표정을 보니 정말 싫어하는 것 같은데 그래도 넌 불을 끄고 싶어 하는 것 같아. 오늘은 몇 번이나 끄고 싶니?"

조금 생각하더니 "일곱 번요"라고 말합니다.

다른 친구들에게도 미리 아이가 불을 일곱 번 끌 거라고 말해 주었습니다. 다른 친구들도 준범이가 불을 몇 번 끌 것인지 알기에 참아 줄 수 있었습니다. 아이의 불 끄기 행동은 모두 다 같이 세어 보는 놀이가 됩니다. 마지막 일곱 번을 끄자 다 같이 "일곱 번"이라고 큰소리로 외쳐 주었습니다. 아이의 문제 행동을 관찰하고 그 행동을 들려주니 스스로 조절하는 힘이 길러졌습니다. 그다음 시간에는 다른 친구들이 먼저 준범이에게 물어봅니다.

"너 몇 번 끄고 싶어?"

"여섯 번."

"그건 너무 많아."

"그럼 다섯 번."

"좋아."

관찰이란 어떤 사물이나 현상을 있는 그대로 보는 것을 말합니다. 관찰은 아이의 적성과 잠재력을 파악하는 데 있어서 무척 요긴한 방법이기도 합니다. 효과적인 대화를 하기 위해서는 관찰한 행동으로만 이야기를 나누어야 합니다. "넌 왜 이렇게 산만하니?", "넌 왜 이렇게 화를 잘 내니?"는 모두 판단입니다. 판단한 내용으로 대화를 나누면 나눌수록 그 대화는 서로에게 상처를 주고 원망만 남기게 됩니다.

행동 묘사하기 연습

아이가 친구와 싸워서 왜 싸웠냐고 물었더니 안 싸웠다고 말합니다. 싸웠다는 말이 판단으로 들린 것 같습니다. 그래서 다르게 이야기해 봅니다.

"네가 친구와 큰 목소리로 아주 빠르게 이야기했어. 오른손으로 친구 옷을 잡아당기고 힘을 주어 밀었어. 그리고 네 주먹이 빠른 속도로 친구 가슴에 닿아서 친구가 무척 아파했어."

아이는 피식 웃으며 자신의 행동을 인정합니다.

아이의 행동을 보고 판단하는 것이 습관화되어 행동과 판단을 구분하기 어려운 경우가 많습니다. 그럴 땐 연습이 필요합니다. 아이의 가능성을 발견하고 싶다면, 아직 발현되지 못한 무궁무진한 잠재력을 찾아내고 싶다면 판단이라는 색안경을 내려놓기 바랍니다. 그리고 있는 그대로 묘사해 보세요.

다음의 표현들은 부모가 아이들에게 자주 사용하는 판단의 표현들입니다. 이런 판단을 하게 된 아이의 행동이 어떤 행동인지 생각해서 묘사해 보기 바랍니다.

판단의 표현		행동을 묘사하기
1	숙제를 미룬다.	예) 저녁 식사 후 숙제를 하겠다고 말한다.
2	말을 잘 안 듣는다.	예) 장난감을 치우라고 네 번 말해야 치운다.
3	이해력이 부족하다.	예) 어제 가르쳐 준 문제를 오늘 또 틀렸다.
4	산만하다.	
5	집중하지 못한다.	
6	거짓말한다.	
7	의욕이 없다.	
8	말대꾸를 잘한다.	
9	폭력적이다.	
10	소극적이다.	

아이가 마음이 불편하다고 구조 신호를 보낼 땐

아이가 마음이 불편하다고 신호를 보낼 때 부모가 가장 먼저 하는 일은 뭔가요? 아이에게 무슨 문제가 생겼는지 알아봐야 한다는 생각이 가장 먼저 들 겁니다. 그래서 마치 경찰이라도 된 것처럼 무슨 문제가 있었는지 자초지종을 캐묻습니다. 속상하고 놀라고 억울한 아이의 마음은 몰라주고 사건의 원인과 결과를 육하원칙에 따라 확인하기에 급급합니다. 사건의 정황을 캐물을수록 아이는 점점 불안해지고 혼란스러워합니다. 이 순간 아이에게 가장 필요한 건 자신의 마음을 알아주고 위로해 주는 부모입니다. 감당하기 어려운 아이의 감정을 잘 다독이고 진정할 수 있도록 도와주는 부모가 필요합니다.

다음 이야기에서 아이가 어떤 구조 신호를 보내는지, 엄마가 어떻게 도와주면 좋을지 한번 생각해 봅시다.

❶ 사건

윤호 엄마는 어느 날 갑자기 선생님에게 전화를 받았다.

"윤호가 밀어서 친구가 머리도 다치고 안경도 깨졌어요. 요즘 무슨 속상한 일이 있는지 윤호가 안 하던 행동을 하네요. 어머니께서 오셔서 다친 아이 어머니랑 이야기해 보시는 게 좋겠어요."

❷ 엄마의 마음

가슴이 철렁 내려앉는다. 착하고 순한 아이인데 친구를 밀고 때렸다니, 도무지 믿어지지 않는다. 요즘 뭔가 속상한 일이 있는 것 같다는 선생님의 말씀이 계속 귓가에 맴돌면서 도대체 윤호에게 무슨 일이 있는 건지 불안해지기 시작한다. 친구가 많이 다친 건 아닌지 걱정도 되고 병원비와 안경 값도 걱정된다. 이런저런 생각을 하다 보니 화가 나기 시작한다. 학교로 달려간 엄마는 윤호를 보자마자 다그친다.

"너 왜 그랬어? 왜 친구를 밀어? 그러다 큰일 나면 어쩌려고."

친구 엄마도 와 있다. 처음 보는 그 아이의 엄마에게 정말 미안하고 죄송하다고 머리를 숙이며 사과한다. 자존심도 상하고 화가 난다. 이런 상황을 만든 아이가 정말 밉다. 단단히 혼을 내서 다시는 이런 일이 없게 해야겠다고, 집에 가서 두고 보자는 마음을 먹는다.

❸ 윤호의 마음

윤호는 이 상황이 도무지 혼란스럽고 억울하기만 하다. 자신이 뭘 잘못했는지도 잘 모르겠다. 내가 아니라 친구가 잘못한 건데, 자신에게 잘못했다고 하니 억울하고 분하다. 차라리 내가 다쳤으면 좋았겠다는 생각만 든다. 괜히 아픈 척하며 엄살을 떠는 그 친구가 정말 얄밉다. 어떻게든 꼭 이 복수를 하고야 말겠다고, 절대 가만두지 않겠다고 다짐한다. 왜 이런 일이 생겼는지 아무도 물어봐 주지 않아서 답답하다. 무슨 사건이 있었는지 말하고 싶어도 말할 틈이 없다. 엄마한테까지 전화한 선생님이 정말 싫다. 엄마의 화난 얼굴이 무섭다. 모두 나만 잘못했다고 혼내는 통에 이제 아무 말도 할 수 없다.

④ 사건의 진실

쉬는 시간, 윤호가 떨어뜨린 연필을 주우려는데 친구가 밟고 지나갔다. 왜 밟느냐고 따지니 친구가 무슨 상관이냐며 윤호에게 한 걸음 다가와 어깨를 밀쳤다. 윤호는 화가 나서 자리에서 일어났다. 그런데 벌떡 일어서다가 그 아이의 턱에 머리가 부딪혔다. 뒷걸음질 치던 아이가 넘어지면서 책상에 머리를 부딪히고 안경이 떨어져 깨졌다. 윤호는 덜컥 겁이 났다. 순간 "선생님, 애들 싸워요" 하는 소리가 들렸다. 선생님이 달려오시더니 "친구를 왜 때려?"라며 윤호를 혼내셨다. 윤호는 갑자기 일어난 일이라 정신이 없다. 선생님은 윤호가 변명할 틈도 주지 않았다. 반장에게 그 친구를 데리고 보건실로 가라고 한 뒤 곧바로 윤호 엄마한테 전화하셨다. 다친 아이가 병원도 가야 하고 안경도 물어 주어야 한다고 말씀하신다. 윤호는 그 자리에 그대로 얼어붙은 채로 서 있었다.

집에 돌아온 엄마는 윤호에게 어떤 말을 해 주어야 할까요? 다시 경찰의 역할로 돌아가 왜 그랬는지 따진다면 하루 종일 무섭고 억울하기만 했던 아이는 자신을 믿어 주지도 않고 마음도 몰라주는 엄마에게 아무 말도 안 하고 싶을 것입니다. 아이들이 자라면서 서서히 말문을 닫는 것은 바로 이와 유사한 사건들이 누적된 경험의 결과입니다. 이런 경험이 계속되면 아이는 이렇게 생각합니다.

'말해 봤자 엄마는 내 말 안 믿어 줄 거야. 나한테는 관심도 없어. 보나마나 내가 잘못한 것만 가지고 더 혼낼 거야.'

판단하지 말고 가르치지 말고 마음만 읽어 주세요

윤호의 얼굴을 살펴보세요. 놀람과 두려움으로 흔들리는 눈과 상기된 얼굴을 보세요. 아이의 마음이 보이나요? 만약 안 보인다면 잠시 눈을 감고 아이의 마음을 들어보세요. 지금 아이는 마음속으로 무슨 말을 외치고 있을까요?

보이는 대로 읽어 보세요. 판단하지도 말고, 가르치려 들지도 말고 마음만 읽어 보세요. 아이는 겁에 질린 얼굴로 엄마를 보고 있습니다. 긴장해서 잔뜩 움츠러든 몸으로 엄마를 바라봅니다. 아이에게 지금 필요한 건 따지고 비난하는 엄마가 아닙니다. "속상했지? 놀랐지? 억울했지? 엄마가 네 마음 다 알아"라고 말하며 따뜻하게 꼭 껴

안아 주는 사랑하는 엄마입니다.

　　무슨 사건이든 아이가 마음이 불편하다는 신호를 보낼 땐 아이의 마음만 바라보세요. 물론 사건의 원인도 알아야 하고 잘못을 따끔하게 혼내는 일도 중요합니다. 하지만 그 모든 일은 아이의 마음을 충분히 알아주고 공감해 주고 위로해 주고 난 다음의 일입니다. 이것을 놓치면 우리 아이의 마음에는 억울함, 서운함, 분노, 답답함, 외로움 같은 감정들이 소화되지 않은 채 찌꺼기로 남습니다. 이렇게 남은 감정의 찌꺼기가 썩고 또 썩어서 심각한 마음의 상처가 되는 것입니다.

아이의 마음이 불편할 때 Ⅰ
감정 읽기

'감정 읽기'란 아이의 감정을 알아주는 일입니다. 아이의 마음이 무엇을 말하는지 듣고, 엄마가 알아들은 그 마음을 아이에게 다시 들려주는 겁니다. 부모가 아이의 감정 신호를 해석해서 다시 들려줌으로써 아이는 자신이 이해되고 받아들여졌다는 생각을 갖게 됩니다. 엄마가 자신의 감정을 읽어 주면 아이는 자신의 모습을 좀 더 분명하게 볼 수 있는 마음의 거울을 갖게 됩니다.

엄마가 느낀 아이의 감정을 다시 아이에게 말해 주세요. 더하거나 빼지 말고 그대로 들려주세요. 아이의 눈빛과 표정을 보면 아이의 마음이 느껴질 것입니다. 아이의 감정을 읽어 주는 간단한 공식은 다음의 표처럼 "~하구나", "~하다는 말이구나", "~한가 보구나" 하고 말하는 것입니다.

아이의 표현		감정 읽기의 예
형이 내 거 몰래 가져갔어요.		형이 말도 안 하고 가져가서 속상하구나.
숙제 때문에 짜증 나요.		숙제가 많아 부담스럽구나.
친구가 나만 따돌려요.	→	친구가 따돌린 것 같아 마음이 슬프구나.
학교 가기 싫어요.		학교 가면 뭔가 마음이 불편한 게 있나 보구나.
동생이 없었으면 좋겠어요.		동생 때문에 속상한 일이 있구나.

　초등학교 2학년 여진이는 저녁마다 엄마랑 승강이를 벌입니다. 엄마가 문제집을 풀라고 하면 졸리다며 공부하기 싫어합니다. 이렇게 미루고 미루다 보면 어느새 밤이 되고 맙니다. 엄마는 걱정만 커질 뿐입니다.

　'밀리면 더 힘들어질 텐데…….'

　'단원 평가도 있는데…….'

　평소 같으면 단원 평가 보는데 이렇게 자꾸 밀리면 어떻게 하느냐고 한바탕 잔소리를 했을 겁니다. 하지만 아이의 힘든 마음을 알아줘야겠기에 꾹 참고 말을 아낍니다.

　여진이가 힘없이 또 말합니다.

"엄마, 나 졸려."

"개학한 지 얼마 안 돼서 우리 여진이가 많이 피곤한가 보다."

"피곤해서 얼른 자고 싶어요."

"그래, 얼른 잠잘 준비하고 빨리 푹 자."

자고 싶어 하는 아이를 억지로 앉혀 공부를 시켜 봤자 소용없을 것 같습니다. 그렇게 말한 뒤 여진이를 관찰해 보았습니다. 다른 날보다 빨리 씻고 TV도 보지 않습니다. 평소엔 중학생 언니가 공부하고 있거나 안 자고 있으면 같이 늦게 자려고 딴짓을 하곤 했는데 언니가 무엇을 하든 신경도 쓰지 않고 침대에 올라가 정말 금방 잠이 들었습니다.

다음 날 아침입니다.

"여진아, 잘 잤니?"

"엄마, 나 추워. 더 자고 싶어. 이불 덮어 줘."

엄마는 아이를 이불로 감싼 채 꼭 안아 주었습니다.

"우리 여진이 더 자고 싶구나. 여진이 이불을 차 버리고 잤나 보네."

여진이는 조금 더 이불 속에 있다가 기분 좋은 목소리로 말합니다.

"이제 일어나야겠다."

사실 여진이는 아침마다 깨우기가 무척 힘든 아이였습니다. 아침 잠도 많거니와 학교 가는 것을 별로 좋아하지 않았습니다. 그러던 아이가 이렇게 예쁜 모습으로 거뜬히 일어나는 걸 보니 엄마는 참 신기합니다. 게다가 학교에 다녀온 여진이는 밀린 공부를 스스로 하기 시작했습니다.

엄마와 여진이의 대화에서 엄마가 여진이의 마음을 헤아려 준 말은 딱 한 문장씩이었습니다. 저녁에는 "우리 여진이가 많이 피곤한가 보다", 아침에는 "우리 여진이 더 자고 싶구나"라고 말했을 뿐입니다. 하지만 평소에 엄마가 쓰지 않던 대화법이 아이의 마음을 움직였습니다.

아이의 마음속, 어떤 감정이 숨어 있나요?

초등학교 3학년 우진이는 숙제를 하고도 잊어버리고 가져가지 않기 일쑤라 선생님께 자주 혼이 납니다. 해 놓고 안 가져왔다고 말하지만 선생님은 믿어 주지 않습니다. 그날도 숙제를 놓고 와 수업 시간에 교실 뒤에 가서 서 있는 벌을 받았습니다. 우진이는 이때 어떤 감정을 느꼈을까요?

숙제를 했는데도 벌을 받은 것에 대한 억울함, 자신을 믿어 주지 않는 선생님에 대한 원망, 친구들 앞에서 벌을 받은 창피함, 숙제를 제대로 챙겨 오지 못한 자신에 대한 실망 등 다양한 감정을 느꼈을 겁니다. 훗날 아이는 이 사건을 어떻게 기억하게 될까요? 이 사건을 통해 아이는 어떤 배움을 얻을까요?

이처럼 아이는 한 가지 사건에서 여러 가지 감정을 느낍니다. 그런 감정들을 많이 찾아낼수록 마음이 후련해집니다.

"선생님이 널 믿어 주지 않아 속상했겠다."

"친구들 앞에서 혼나서 창피했겠다."

훈계나 충고를 하기 전에 먼저 감정을 읽어 주면 아이는 잔소리로 듣지 않고 따뜻한 사랑으로 느낍니다. 아이가 느끼는 감정을 정확히 찾아서 읽어 주면 아이는 자신에 대해 더욱 알게 되고 앞으로 어떤 행동을 해야 할지 생각하게 됩니다. 자신이 무엇을 원하는 사람인지 알게 되고 그것을 바탕으로 성장할 수 있게 됩니다.

그런데 이렇게 다양한 감정을 찾는 것은 생각처럼 쉬운 일이 아닙니다. 실생활에서 사용하는 감정에 관한 어휘가 그리 많지 않기 때문입니다. 감정을 표현하는 어휘를 풍부하고 정확하게 사용할수록 감정 읽기로 얻는 효과는 높아집니다. 그리고 이렇게 다양한 어휘로 엄마 아빠가 자신의 마음을 정확하게 읽어 줄 때 아이의 마음은 든든해집니다.

아이의 감정 읽기가 어렵다면 뒤에 나오는 '감정 목록표'를 활용해 보세요. 아이와 더 잘 통할 수 있을 것입니다.

마음이 편안할 때			
감격스럽다	반갑다	유쾌하다	통하다
감동하다	벅차다	으쓱하다	편안하다
감사하다	뿌듯하다	의기양양하다	평화롭다
감탄하다	사랑스럽다	자랑스럽다	포근하다
경이롭다	상쾌하다	자신감 있다	푸근하다
경탄하다	설레다	자유롭다	행복하다
관심이 생기다	시원하다	재미있다	호기심이 생기다
궁금하다	신기하다	즐겁다	활기차다
근사하다	신바람 나다	진정되다	황홀하다
기대되다	신선하다	짜릿하다	후련하다
기분 좋다	싱그럽다	찡하다	흐뭇하다
기쁘다	아늑하다	차분하다	흡족하다
날아갈 것 같다	안심되다	친근하다	흥겹다
놀라다	애틋하다	친밀하다	흥미롭다
눈물겹다	열정적이다	침착하다	흥분되다
담담하다	영광스럽다	태연하다	희망에 차다
대견하다	위안이 되다	통쾌하다	힘차다

마음이 불편할 때			
가소롭다	멋쩍다	쓰라리다	좌절하다
가슴 아프다	멍하다	쓸쓸하다	주눅 들다
가엾다	몸서리치다	아쉽다	죽고 싶다
간절하다	못마땅하다	안절부절못하다	지겹다
갑갑하다	몽롱하다	안타깝다	지긋지긋하다
거부감을 느끼다	무감각하다	애석하다	지루하다

거북하다	무기력하다	애처롭다	지치다
걱정되다	무섭다	야속하다	질리다
겁나다	미심쩍다	약오르다	질투하다
격분하다	민망하다	얄밉다	짜증스럽다
겸연쩍다	밉다	어이없다	참담하다
고민되다	배신감을 느끼다	억울하다	창피하다
고통스럽다	복받치다	언짢다	처량하다
곤란하다	복수심을 느끼다	역겹다	처절하다
공허하다	부끄럽다	열받다	초조하다
괘씸하다	분하다	염려되다	충격적이다
괴롭다	불만스럽다	외롭다	침울하다
권태롭다	불쌍하다	우울하다	탐나다
그립다	불안하다	울고 싶다	풀이 죽다
기운 빠지다	불쾌하다	울적하다	피로하다
긴장되다	불편하다	울화가 치밀다	피하고 싶다
끝났다	불행하다	원망스럽다	허무하다
낙심하다	비관적이다	원통하다	허전하다
난처하다	비참하다	위축되다	허탈하다
냉정하다	상심하다	의기소침하다	혐오스럽다
놀라다	샘나다	의심되다	혼란스럽다
답답하다	서운하다	의아하다	환멸스럽다
당황스럽다	섭섭하다	자괴감이 들다	황당하다
두렵다	소름끼치다	자책하다	회의감이 들다
떨떠름하다	속상하다	저항감을 느끼다	후회스럽다
마음 아프다	수줍다	전율을 느끼다	흔들리다
마음 상하다	슬프다	절망적이다	힘 빠지다
망설여지다	신경질 나다	조바심 나다	힘겹다
맥 빠지다	실망스럽다	조심스럽다	힘들다

감정의 빙산 아래 핵심 감정을 찾아보세요

아이들은 "짜증 난다", "속상하다"라는 말을 많이 씁니다. 이렇게 겉으로 나타나는 감정을 표면 감정이라고 합니다. 짜증 나는 이유는 창피해서일 수도 있고 당황해서일 수도 있습니다. 짜증 나게 한 원인이 되는 감정이 바로 핵심 감정입니다. 표면 감정만 읽으면 대화가 깊이 있게 진행되기 어렵습니다. 표면 감정은 빙산의 일각일 뿐입니다. 겉으로 드러난 작은 부분보다 속에 숨어 있는 커다란 핵심 감정이 사람의 마음을 결정하고 특정한 행동을 선택하게 합니다. 그러니 표면 감정에 머무르지 말고 아이의 마음속 깊이 숨어 있는 핵심 감정이 무엇인지 더 열심히 아이의 마음을 들여다보아야 합니다.

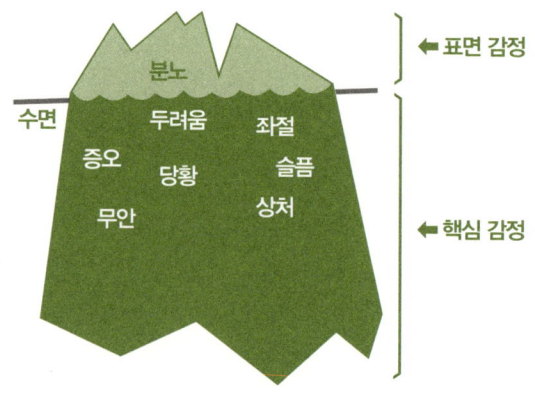

화를 잘 내는 아이가 있습니다. 화가 나면 욕을 하거나 친구와 싸웁니다. 아이가 화를 내는 이유를 가만히 살펴보았습니다. 급식 시간에 실수로 우유를 쏟았습니다. 친구가 "넌 맨날 쏟기만 하니?"라고 말하자 화를 내며 그 아이를 공격했습니다. 그렇잖아도 우유를 쏟아서 창피했는데 친구가 놀리니 당황해서 자기도 모르게 화를 내고 때렸다고 말합니다. 아이의 표면 감정은 분노지만 핵심 감정은 창피함과 당황스러움입니다. 중요한 건 그 감정 속에 숨어 있는 메시지입니다. 자신이 창피하다는 것은 멋지게 행동하고 싶다는 뜻입니다. 당황스러움은 자신이 난처할 때 배려해 주는 친구를 원하거나 이런 상황에서 어떻게 해야 할지 알고 싶다는 뜻도 됩니다. 아이의 핵심 감정을 알고 나면 아이의 문제 행동을 변화시키기 위한 실마리도 쉽게 찾을 수 있습니다.

핵심 감정을 읽어 줄 때는 한 가지 조심해야 할 것이 있습니다. 서로 소통이 잘 되는 관계라면 핵심 감정을 읽어 주는 것이 좋습니다. 하지만 조금 불편한 관계이거나 친밀감이 부족한 관계라면 표면 감정으로 대화를 시작하는 것이 더 바람직합니다. 아이의 학년이 올라갈수록 관계가 불편한 사람이 자기감정을 읽으면 거부감을 보이는 경우가 많습니다. 별로 친하지 않은 사람에게 자기 속을 들킨다면 누구나 유쾌하지 않을 겁니다. 그러니 감정 읽기는 무엇보다 좋은 관계가 우선되어야 합니다. 친한 관계, 편안한 관계일 때 효과적입니다.

아이와 거리낌 없이 서로의 핵심 감정을 말할 수 있는 사이가 되면 참 좋겠습니다.

놓치지 말아야 할 아이의 감정

앞에 나온 초등학교 3학년 우진이의 마음을 한 번 더 살펴보겠습니다. 우진이가 느낀 감정과 그 원인을 정리해 보았습니다.

감정	원인
억울함	숙제를 했는데도 벌을 받았다.
원망	선생님이 자신을 믿어 주지 않았다.
창피함	친구들 앞에서 벌을 받았다.
실망	숙제를 제대로 챙기지 못한 자신이 실망스럽다.

이 중에서 우진이는 어떤 감정을 가장 크게 느꼈을까요? 아마 처음에 크게 느껴진 감정은 억울함일 겁니다. 억울하면 억울할수록 아이는 선생님에 대한 원망이 커집니다. 아이의 솔직한 감정이지만 이런 감정이 계속된다면 아이는 선생님을 원망하면서 수업 시간에 선생님이 이야기하는 내용에 덜 집중하거나 선생님에 대한 존경심이

줄어들 겁니다.

　창피함에 초점을 맞추면 어떨까요? "창피하구나"라고 아이의 감정을 읽어 주면 아이는 자신이 더 이상 그런 일로 창피함을 당하고 싶지 않다는 사실을 깨닫게 될 것입니다. "숙제를 제대로 챙겨 오지 못해 실망스럽겠구나"라고 아이의 감정을 읽어 주면 아이는 숙제를 정말 제대로 챙겨야겠다는 생각으로 나아갈 수 있겠지요. 이 모두가 다 아이의 마음입니다.

　아이의 마음속에는 아이의 성장을 방해하는 감정도 있고, 아이가 잘 성장하도록 도와주는 감정도 있습니다. "공부하기 싫어요"라고 말하는 아이에게 "공부하기 싫구나"라고 읽어 주기가 꺼려지는 이유는 "네. 안 할래요"라고 말할까 봐 걱정되기 때문이지요. 하지만 자세히 들여다보면 공부하기 싫다는 아이에게는 싫은 감정만 있는 것이 아니라 힘들다, 부담스럽다, 답답하다, 부럽다, 낙담하다, 간절하다, 바란다 등의 감정도 있습니다. 이 중 어떤 감정을 읽어 주면 좋을까요? 아이가 자신을 제대로 이해하고 멋지게 성장할 수 있도록 도와주는 감정은 어느 것일까요? 친구를 부러워하는 마음, 자신에게 실망하는 마음, 공부를 잘하고 싶은 간절한 마음, 공부가 좋아지기를 바라는 마음 등의 감정이 아이에게 도움이 될 것입니다. 어떤 감정에 초점을 맞추는가에 따라 아이에게는 다른 기억, 다른 배움으로 남을 것입니다.

다섯 살이 다섯 살에게

엄마의 감정 읽기가 다섯 살 아이에게 미치는 영향을 보여 주는 이
야기입니다.

도서관의 부모 교육 프로그램에 참여하면서 조금씩 아이의 감정 읽기를
시작했어요. 안 하던 말이라 힘들고 어색해서 잘 적용하지는 못했어요.
그냥 "속상하구나", "힘들었구나"라고 말하며 아이를 안아 주는 정도였
습니다. 그런데도 아이는 제가 교육을 받으러 도서관에 가는 날이면 스
스로 유치원에 갈 준비를 아주 잘하곤 했어요. 아이도 제가 무언가를 배
우는 것이 좋았던 모양입니다. 그러던 어느 날 제가 몸이 피곤해서 교육
에 가지 못했습니다.
"엄마가 피곤해서 오늘은 도서관에 못 갈 것 같아."
"그럼 엄마는 도서관에 못 가서 속상하겠네."
그 말을 들은 저는 너무 기분이 좋았습니다. '감정 읽기가 이렇게 좋은 일
이구나. 나도 이렇게 기분이 좋은데 우리 아이는 엄마가 마음을 읽어 주
면 얼마나 기분이 좋을까' 하는 생각이 들었습니다.
얼마 뒤에는 유치원 선생님에게서 기분 좋은 이야기를 들었습니다. 유치
원에 늘 말썽을 부리고 친구들과 잘 지내지 못하는 아이가 있었답니다.

그 아이는 친구들과 같이 놀고 싶은 마음을 제대로 표현할 줄 몰랐답니다. 놀자고 하는 것이 친구 장난감을 빼앗거나 밀치고 때리는 행동이었습니다. 다른 아이들은 그 아이가 자기를 공격한다는 생각에 같이 놀지 않았습니다. 그런데 우리 아이가 자신에게 다가오는 그 아이에게 이렇게 말했다고 합니다.

"나랑 놀고 싶어? 놀고 싶구나. 나랑 놀고 싶으면 때리는 거 대신에 '이 놀이하자'라고 말해."

그 뒤에도 종종 그 아이의 마음을 알아주는 말을 했다고 합니다. 그 아이는 우리 아이에게 배운 대로 다른 친구에게 가서 "너랑 놀고 싶어"라고 말했다고 합니다. 이런 일이 몇 번 반복되면서 그 아이는 많이 안정되고 친구들과 잘 어울려 노는 일이 많아졌다고 합니다. 선생님은 "아직 어린 아이인데도 어떻게 이렇게 현명한 말을 할 수 있는지 궁금했어요"라고 말씀하셨습니다. 말썽만 부리는 아이 때문에 마음고생을 많이 하신 선생님은 놀랍고 정말 고맙다며 거듭 우리 아이를 칭찬해 주었습니다. 마냥 어리게만 봤던 아이의 대견한 모습에 저도 너무 기뻤습니다.

부모가 말하는 감정 읽기의 효과

아이의 감정을 읽어 준 부모님들에게 감정 읽기의 효과를 물어보았습니다. 모두들 최소한 한 가지 이상의 효과를 얻었다고 했습니다. 감정 읽기, 한번 해 볼 만합니다. 다음은 감정 읽기를 하고 난 후의 소감입니다.

- 아이의 마음이 편해진다.
- 아이가 예전의 속상했던 경험, 묵은 감정을 끌어내 이야기해 준다. 그 래서 엄마와 아이의 마음 상태가 편안해진다.
- '빨리 빨리'의 조급함이 사라진다.
- 엄마와 아이 사이의 갈등이 줄어들고 친밀감이 쌓인다.
- 아이가 자신의 감정에 솔직해지려고 하는 것 같다.
- 엄마의 감정적인 말이 걸러 나온다.
- 아이 스스로 자기 문제를 인식한다.
- 아이가 엄마에게 의존하려는 성향이 줄어든다.
- 엄마에 대한 아이의 방어벽이 줄어든다.
- 아이와 대화를 시작할 수 있는 계기를 만들어 준다.
- 문제 상황에서 아이의 감정이 빨리 안정된다.
- 아이의 마음이 편해지니 행동이 부드러워져 엄마가 잔소리를 하거나 화내지 않아도 된다.
- 엄마의 말이 잘 먹히고 행동 수정으로까지 연결되는 것 같다.
- 엄마 자신의 감정도 잘 알게 된다.

- 아이가 엄마에게 맞추려 노력한다.

- 시간이 지날수록 아이의 마음을 알아채는 민감성이 높아진다.

- 나의 핵심 감정을 알게 되어 공연히 화를 내는 일이 줄어든다.

- 문제 해결의 통찰력을 얻어 문제를 쉽게 해결하게 된다.

- 아이가 생각을 더 많이 하는 것 같다.

- 아이가 숙제나 자기 할 일을 알아서 하는 게 신기하다.

- 아이가 형제의 마음을 조금씩 이해하기 시작한다.

- 형제간의 사이가 좋아지고 서로에게 너그러워진다.

아이의 마음이 불편할 때 II
생각 읽기

학교에서 아이가 돌아왔습니다.

"숙제해야지."

"숙제하기 싫어."

"숙제하기 싫구나."

"응. 안 하고 싶어."

대화가 이렇게 진행되면 엄마는 난감합니다. 분명히 감정을 읽어 주었는데 대화가 막혀 버렸습니다. 이럴 땐 아이의 마음속에 어떤 생각이 있을지 짐작해 보세요. 하기 싫다는 감정도 있지만 나중에 하면 좋겠다는 생각도 들어 있을 겁니다. 아이는 그중 더 크게 느껴지는 싫은 마음만 말하고 있습니다. 이럴 때 아이의 말을 인정해 주고 마음도 알아주는 방법이 있습니다. 바로 좋은 생각을 읽어 주는 것입니다.

🌸 아이 마음속 좋은 생각을 찾아 주세요

"숙제를 하기는 해야 하는데 피곤해서 지금은 안 하고 싶구나."

"응. 소파에 좀 누워 있을래."

"그래, 푹 쉬어. 쉬고 나면 엄마가 간식 줄게."

그렇게 가만히 놓아두었더니 잠시 쉬다가 손을 씻고 간식을 달라고 합니다. 간식을 주었더니 이렇게 말합니다.

"간식 먹으면서 숙제해야지."

그러고는 숙제거리를 가져와 식탁에서 하기 시작합니다.

부모는 아이가 자기 할 일을 스스로 알아서 하기를 바랍니다. 중요한 것은 아이도 똑같은 마음이라는 사실입니다. 숙제하기 싫다는 것은 그 순간의 감정일 뿐, 아이가 진심으로 원하는 것이 아닙니다. 아이가 정말 바라는 것은 '숙제를 거뜬히 잘해 내는 나'입니다. 바로 그 마음을 찾아서 읽어 주는 겁니다. 마음속에 꼭꼭 숨어 있는 좋은 생각을 읽어 주면 아이도 진심을 드러내는 멋진 아이로 성장할 것입니다.

'좋은 생각 읽어 주기'가 중요한 이유는 또 있습니다. 아이는 엄마 아빠가 자신을 좋은 아이로 본다는 것을 알게 됩니다. 사랑하는 엄마 아빠가 자신을 믿어 주는 것을 알게 되면 얼마나 든든하고 행복할까요? 자신이 좋은 아이라는 사실을 마음 깊이 새기게 될 것입니다. 그리고 그런 아이가 되려고 노력하게 될 것입니다. 아이의 좋은 마음을 믿고 찾아 주는 것이 중요한 이유입니다.

생각은 스스로 선택할 수 있어요

마음이란 감정과 생각 모두를 아우르는 말입니다. 그런데도 굳이 감정 읽기와 생각 읽기를 따로 구분해서 다루는 것은 감정은 스스로 조절하기가 어려운 반면 생각은 스스로 선택하고 조절할 수 있기 때문입니다. 감정은 생각과 행동에 따라 결정됩니다. 따라서 좋은 생각과 바람직한 행동을 많이 할수록 편안한 감정을 더 많이 경험할 수 있습니다.

그림은 현실치료의 창시자 윌리엄 글래서의 전행동 자동차입니다. 글래서는 인간의 전행동(Total Behavior)을 자동차에 비유해서 설명했습니다. 자동차 엔진은 인간의 '욕구'입니다. 자동차가 원하는 방향으로 가도록 조작하는 핸들은 우리의 '바람(want)'입니다. 두 개의 앞바퀴는 각각 '활동하기' 바퀴와 '생각하기' 바퀴입니다. 두 개의 뒷바퀴는 '느끼기' 바퀴와 '신체 반응' 바퀴입니다.

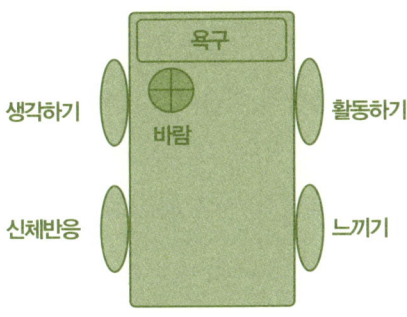

자동차 그림을 잘 보세요. 뒷바퀴인 '느끼기'와 '신체 반응'은 앞바퀴가 가는 대로 따라갑니다. '느끼기'와 '신체 반응'은 우리가 생각하고 활동하는 것을 따라간다는 의미입니다. 다시 말해 '활동하기' 바퀴와 '생각하기' 바퀴로 우리는 욕구를 충족시키기 위한 바람을 이루기 위해 달려가는 겁니다.

생각은 조절하고 통제할 수 있습니다. 생각 중에는 좋은 생각도 있고 그렇지 않은 생각도 있습니다. 아이가 화나게 했을 때 여러 가지 생각이 떠오를 겁니다. '다신 맛있는 거 해 주나 봐라. 따끔하게 혼을 내야겠다', '한 번 봐줄까, 벌을 세울까? 오늘은 게임을 못하게 해야지' 등등 여러 가지 생각 중에 어떤 생각을 선택해서 행동으로 옮기게 됩니다. 선택은 우리가 하는 것이니 얼마든지 고를 수 있습니다.

좋은 생각이 아이를 성장하게 합니다

감정적으로 아직 미숙한 아이들은 여러 가지 생각 중에서 가장 크게 느껴지는 생각을 선택하기 쉽습니다. 좋은 일에는 좋은 생각이 더 크게 느껴지고 나쁜 일에는 나쁜 생각이 더 크게 느껴지는 건 당연한 일입니다. 아이가 숙제를 일찍 끝내서 모처럼 엄마에게 칭찬을 받았습니다. 아이는 '학습지도 빨리 해 버릴까? / 그냥 내일 한꺼번에 할까?'라는 두 가지 생각을 하고 있습니다. 어느 생각을 선택해서 행동으로 옮길까요? 칭찬 받은 아이는 더 좋은 행동을 하게 마련입니다. 칭찬 받아서 기분이 좋아진 아이는 학습지도 빨리 하는 쪽을 선택할 확률이 더 높습니다.

반대로 자신은 별로 잘못하지 않았는데 동생 때문에 혼이 난 아이는 기분이 나쁩니다. '숙제 하지 말아야지 / 숙제 해야 돼', '엄마 몰래 동생 혼내야지 / 참아야 해', '학원도 몰래 빠질까? / 빠지면 안 돼'라는 여러 가지 생각 중에서 어떤 생각이 더 크게 느껴질까요? 그래서 아이는 어떤 행동을 선택하게 될까요?

감정 읽기로 서운한 마음, 억울한 마음, 힘든 마음을 알아주었으면, 이제 아이의 마음속에 있는 좋은 생각을 찾아 읽어 줄 때입니다. 아이의 감정을 읽어 주어도 마음이 안정되지 않거나, 감정 읽기를 해 줄 상황이 되지 않는 경우라도 아이의 생각을 읽어 주세요. 그중에서도 가장 좋은 생각을 읽어 주세요.

유치원에 다녀온 아이에게 비스킷 열 개를 주었습니다. 동생은 잠자고 있습니다.

"동생은 한 개만 주고 내가 다 먹어도 돼?"

"다 먹고 싶은데 동생도 나눠 주고 싶구나."

"응. 많이 먹고 싶어."

조금이라도 나눠 주려는 아이의 좋은 마음을 읽어 주었습니다. 잠시 후 아이는 잠자는 동생의 머리맡에 비스킷 세 개를 놓아두었습니다. 기특해서 말했습니다.

"우리 딸, 동생도 참 잘 챙기는구나."

그러자 엄마의 입에 비스킷을 넣어 줍니다.

"엄마도 드세요."

늘 먹을 것에 욕심내던 아이인데 의외의 모습에 놀랐습니다.

아이는 다 먹고 싶은 마음을 어떻게 참을 수 있었을까요? 왜 나눠 주고 싶은 마음이 들었고 그걸 행동으로 옮길 수 있었을까요? 누군가 나를 좋은 사람으로 믿어 주고 알아주면 우리는 그렇게 행동하고 싶어집니다. '믿는 만큼 자란다'는 말이 그래서 진리가 되나 봅니다. 이렇게 말해 보세요.

- 글씨가 엉망인 아이에게, "잘 쓰고 싶었는데 시간이 부족했구나."
- 늦는다고 전화를 한 아이에게, "엄마가 걱정할까 봐 전화했구나."
- 5분만 더 자겠다는 아이에게, "일어나고 싶은데 너무 고단해서 못 일어나는구나."
- 일기 쓰다가 팔이 아프다는 아이에게, "잘 쓰고 싶은데 팔이 아프구나."
- 놀다가 학원에 지각한 아이에게, "늦어도 학원에는 꼭 가려고 했구나."

아이의 수학 시험 성적이 엉망입니다. 그런데 하는 말이 "나보다 더 못한 아이도 많아요"입니다. 이럴 때도 "너보다 못한 애랑 비교하면 어떡하니?"가 아니라 "속상해서 너보다 못한 아이를 보고 위로받고 싶구나"라고 말하면 어떨까요? 아이는 스스로 '난 괜찮은 사람'이라는 확신이 들 때 발전하기 시작합니다.

새로운 생각이 변화의 열쇠입니다

합리적 정서 행동 치료(REBT : Rational Emotive Behavior Therapy)의 창시자 앨버트 앨리스는 인간의 심리적 문제는 어떤 상황이나 외부의 자극을 비합리적인 사고방식으로 지각하고 받아들이기 때문에 발생한다고 말했습니다. 앨리스는 심리적 문제를 야기하는 원인인

인지 시스템을 '비합리적 신념(Irrational Belief)'이라 규정했습니다. 또한 심리치료란 비합리적 신념을 합리적 신념으로 바꾸는 과정으로, 그것은 반박을 통해서 달성된다고 설명했습니다. 우리가 괴로운 이유는 우리가 가진 비합리적 신념 때문이 아닐까요? 다음은 앨리스가 제시한 '열두 가지 잘못된 신념'입니다.

1. 나는 모든 중요한 타인들에게 사랑과 인정을 받아야 한다.
2. 모든 사람들(특히 나랑 가까운 사람들)은 내 방식대로 생각하고 믿어야 한다.
3. 나는 절대로 실수하거나 실패해서는 안 된다.
4. 나는 누구도 실망시켜서는 안 된다.
5. (특히 가까운 사람과의 관계에서) 내 삶에는 갈등이 없어야 한다.
6. 나는 어떤 대가를 치르더라도 다른 사람들에게 수용되어야 한다.
7. 내 삶은 항상 행복해야 한다.
8. 모든 사람들이 나를 이해해야 한다.
9. 모든 사람들이 나와 같은 의견을 가져야 한다.
10. 내가 사랑을 받으려면 내가 잘 행동해야 한다.
11. 아무도 나를 싫어하거나 미워해서는 안 된다.
12. 지금 나의 이런 모습은 바꿀 수 없다.

"잠깐, 다시 생각해 보자. 그 아이가 너를 싫다고 하면 너도 그 친구랑 꼭 놀지 않아도 돼. 싫다는데 억지로 놀 필요는 없어. 그 아이가 널 싫어하는데 네가 그 아이를 좋아할 필요는 없어."

"엄마, 그래도 돼? 진짜 그래도 돼?"

1장에서 소개한 진경이와 엄마의 대화입니다. 진경이는 엄마의 말에 표정이 환하게 바뀌었습니다. 아이가 힘들었던 이유는 모든 사람에게 사랑과 인정을 받아야 한다는 생각, 내 삶에는 갈등이 없어야 한다는 생각, 사랑을 받으려면 내가 잘 행동해야 한다는 생각 때문이었을 겁니다. 비관적인 아이는 비관적인 생각 때문에 항상 불행합니다. 자신감이 없는 아이는 자신이 무엇을 해도 잘해 낼 수 없다는 생각에 우울합니다. 친구와 잘 지내지 못하는 아이는 친구들이 자신을 싫어한다는 생각에 힘이 듭니다. 이렇게 잘못된 신념을 가진 아이를 어떻게 도와주면 좋을까요?

앨리스는 잘못된 신념을 극복하는 'ABC 모델'을 개발했습니다. A(Activating Event)는 불행, 부정적인 사건입니다. 나쁜 시험 성적, 친구와의 다툼, 엄마의 잔소리 등이 그 예입니다. C(Consequence)는 결과입니다. 그 사건을 어떻게 느끼고 행동했는가를 뜻합니다. 때때로 불행은 즉각적이고 자동적인 결과를 도출해 냅니다. 그런데 앨리스는 특별한 결과를 발생시키는 것은 불행한 사건이 아니라 불행에 대한 확신과 해석(B, Belief System)이라고 지적합니다.

사람들은 나쁜 일을 겪으면 그것에 관해 이런저런 생각을 하게 됩니다. 그리고 그 생각들은 신념으로 굳어집니다. 신념이 습관으로 이어지면, 생각을 멈추고 그것에 주의를 집중하지 않고서는 자기가 그런 신념을 가지고 있다는 사실조차 깨닫기 어렵습니다. 이런 신념은 우리가 느끼는 것과 다음에 할 행동의 직접적인 원인이 됩니다. 사건에 대한 특정한 생각이 어떻게 다른 결과를 가져오는지 살펴봅시다.

A(사건) : 아이가 친구가 놀렸다고 울먹이며 말한다.

	B(생각)		C(결과)
비관적 생각	왕따를 당하는 건 아닐까?	➡	캐묻고 친구를 찾아가 따진다.
낙관적 생각	충분히 있을 수 있는 일이야.	➡	위로하고 어떻게 도와줄지 묻는다.

A(사건) : 아이가 수학 시험을 망쳤다.

	B(생각)		C(결과)
비관적 생각	얘는 뭐 하나 제대로 하는 게 없지.	➡	속상해서 아이를 혼낸다.
낙관적 생각	이번 시험이 유난히 어려웠나 보다.	➡	아이 마음을 읽어 주고 함께 의논한다.

A(사건) : 숙제하기 싫다고 짜증 낸다.

	B(생각)		C(결과)
비관적 생각	맨날 핑대 대고 미루기만 하지.	➡	혼내고 다그쳐서 억지로 하게 한다.
낙관적 생각	숙제를 안 하는 이유가 있을 거야.	➡	숙제가 어려운지 물어본다.

아이에게 부정적인 사건이 일어나더라도 엄마 아빠가 가진 신념에 따라 결과는 엄청나게 달라집니다. 비관적 신념은 수동적 자세와 낙담을 불러일으킵니다. 낙관적 신념은 신중하게 생각하고 지혜로운 대책을 마련할 힘을 줍니다. 여러분은 어떤 생각과 신념을 선택하시겠습니까?

부정적 생각, 이렇게 대처하세요

비관적으로 사고하는 습관은 우리의 생각을 해로운 방향으로 이끕니다. 끊임없이 우리의 주의를 끌면서 머릿속에서 맴돕니다. 게다가 비관적 생각들은 그 자체의 특성 때문에 좀처럼 잊히지 않습니다. 그것에 반론을 제기하고 공격에 나서야 합니다. 나쁜 일에 뒤따르는 생각들을 효과적으로 반박하면 낙담과 포기라는 습관적인 반응을 없애고 활기차고 유쾌한 기분을 되찾을 수 있습니다.

'ABC 모델'에 D와 E를 더해 볼까요? D(Dispute, 반박)는 여러분의 비합리적 신념을 논리적으로 따져 보는 일입니다. E(Effect, 효과)는 비합리적 신념을 철저하게 반박함으로써 새롭게 합리적 신념을 갖게 된 다음에 느끼는 긍정적인 감정과 자기 수용적 태도입니다. 다음은 설득력 있는 논쟁을 위해 중요한 질문들입니다. 이 중 마음에 와 닿는 질문들을 스스로에게 던져 보기 바랍니다.

- 내 확신이 사실이라는 증거는 무엇인가?
- 이 상황을 다르게 바라볼 여지는 없는가?
- 발생할 수 있는 최악의 상황 혹은 최선의 상황은 어떤 것인가?
- 일어날 확률이 가장 큰 상황은 어떤 것인가?
- 일어날 확률이 가장 큰 상황에 대한 나의 대처는 어떤 것인가?

부정적 신념의 증거를 찾아보고 그것을 반박해 보세요.

나의 부정적인 신념 : 우리 아이가 왕따를 당할 것 같아.

그 신념이 사실인 증거	그 신념에 대한 반박
• 친구가 같이 안 논다고 말했다. • 친구랑 같이 있어도 혼자 놀고 있다. • 친구에게 먼저 놀자고 말하지 못한다. • • •	• 그렇게 말한 아이는 한 명뿐이다. • 내성적이라 조용히 노는 걸 좋아한다. • 친구가 말을 걸면 이야기를 잘한다. • • •

이렇게 논박한 다음 마음에 어떤 변화가 있는지 살펴보기 바랍니다. 한번에 마음이 180도 바뀌진 않겠지만 서서히 안정감을 찾을 수 있을 것입니다.

다르게 생각하도록 도와주세요

〈내 이름은 칸〉이라는 영화가 있습니다. 이슬람교도들이 모여 힌두교도를 욕하고 있습니다. 자폐증을 가진 아이가 그 모습을 보더니 똑같이 따라 합니다. 그것을 본 어머니는 손에 막대기를 든 사람과 손에 사탕을 든 사람을 그립니다. 그리고 아들에게 보여 주며 이렇게 묻습니다.

"왼쪽은 너란다. 한 사람이 몽둥이로 너를 때려."

"나빠요. 때리는 건 나쁜 거예요."

"다른 사람은 사탕을 들고 있어. 이 사람이 그걸 너에게 줘."

"좋은 사람이에요."

"이제 두 사람 중 누가 힌두교도이고 누가 이슬람교도인지 말해 볼래?"

아이도 모르고 엄마도 모릅니다. 그 누구도 알 수 없습니다.

"세상에는 두 가지 종류의 사람이 있어. 좋은 행동을 하는 좋은 사람과 나쁜 행동을 하는 나쁜 사람. 하는 행동만 다를 뿐 다른 차이점은 없단다."

훌륭한 엄마를 가진 아이는 새로운 생각을 갖게 됩니다.

엄마의 마음이 불편할 때,
마음 말하기

　아침에 깨워도 안 일어나기, 늑장 부리기, 준비물 안 가져가서 엄마가 갖다 주게 하기, 숙제 계속 미루기, 혼내야 공부하기, 밤늦게까지 TV 보기, 게임하기, 동생이랑 싸우기, 짜증 내기……. 흔히 볼 수 있는 아이의 문제 행동입니다. 아이가 이런 행동을 보일 때마다 엄마는 속상하고 화가 납니다. 하지만 아이는 꿈쩍도 안 합니다. 아이는 느긋하고 엄마만 애가 탑니다. 바로 이런 상황이 부모의 마음은 불편하고 아이의 마음은 불편하지 않은 상태입니다. 이럴 때 엄마가 조바심을 내면 낼수록 아이는 이상하게 아무렇지도 않습니다. 그렇다고 아이에게 화를 내거나 '그것도 모르니? 알아서 행동해'라는 식의 신호를 주는 것은 바람직하지 않습니다. 아이는 이해하지도 못할 뿐더러 행동을 바꾸지도 않을 테니까요. 어떤 말을 해도 아이의 행동을 바꾸는 데 효과가 없다면 이제 차분히 마음을 가라앉히고 다른 방법을 생각해 볼 때입니다.

왜 아이가 스스로 할 일을 놓고 엄마가 이렇게 안절부절못하고 있는 걸까요? 왜 아이는 저렇게 태평스러운 걸까요? 아이가 해결해야 할 일에 관여하는 것이 정말 아이에게 도움이 되는 일일까요?

이런 상황에서 아이는 그저 엄마가 시키는 대로만 움직이는 척합니다. 제대로 안 돼도 걱정 없습니다. 결국엔 엄마가 다 알아서 해 줄 테니까요. 혼날 때까지 버티다가 조금 따르는 시늉만 하면 된다고 생각합니다. 왜 그렇게 행동해야 하는지 정확한 이유를 모르기 때문입니다. 아이의 마음이 이래서야 긍정적인 방향으로 변하기는 어렵습니다. 여기서 중요한 건 아이가 스스로 알아서 해야 할 행동들이라는 점입니다. 아이 자신이 배우고 익혀야 할 것들을 부모가 나서서 해결하려 드니 아이는 그것이 자신의 과제라는 생각을 하지 못하는 것 같습니다. 사실 아이에 관해 부모가 불편한 문제는 아이가 해결해야 하는 문제인 경우가 많습니다. 아이가 해결하고 처리해야 할 일들은 아이가 스스로 생각하고 서툴러도 나름의 방식으로 시도하고 경험할 수 있도록 아이의 영역으로 남겨 두는 엄마의 인내심이 필요합니다.

누가 해결할 문제인가요?

　등교 준비가 늦었습니다. 허둥지둥 아이를 차에 태워 학교에 데려다 줍니다. 아이는 늑장 부린 걸 미안해하지도 않고 아주 태연합니다. 계속해서 반복되는 이런 상황에 엄마는 정말 짜증이 납니다. 이 문제는 과연 누가 마음먹어야 바꿀 수 있는 행동일까요? 엄마 아빠가 아무리 닦달을 하고 재촉을 해도 아이는 전혀 급하지 않습니다. 아이의 마음은 불편하지 않기 때문입니다. 부모가 아무리 속이 상해도 이 문제를 해결할 주체는 아이입니다. 그러니 이런 행동이 바뀌려면 무엇보다 먼저 그 행동의 주인이 마음을 바꿔야 합니다. "소를 우물가에 끌고 갈 수는 있어도 물을 먹일 수는 없다"는 속담은 여기에 딱 들어맞는 말입니다. 아이가 행동을 바꾸기로 마음먹게 하는 것이 무엇보다 중요합니다.

　아이가 마음을 바꾸기 위해서는 엄마가 왜 속상한지, 어떤 일로 속상한지, 얼마만큼 속상한지, 그래서 아이가 어떻게 하기를 바라는지 먼저 말해 주어야 합니다. "엄만 괜히 그래." 이렇게 말하는 아이는 엄마가 왜 속상해하는지 전혀 이해하지 못하고 있는 게 분명합니다. 엄마가 화난 이유를 모른다면 화내는 엄마가 이해도 안 되고 오히려 엄마를 원망만 하게 됩니다. 평소에 주눅 든 아이라면 막연한 두려움으로 더 불안해질 겁니다.

"엄마는 늦어서 허둥대고 소리 지르는 아침이 싫어. 너랑 즐거운 아침을 맞이하고 싶어."

이렇게 말하면 아이는 자신의 어떤 행동이 엄마의 마음을 불편하게 하는지 알게 됩니다. 그리고 엄마가 자신이 어떻게 하기를 바라는지도 알게 되겠지요. 아이에게 엄마의 마음을 이야기해 주세요. 아이의 잘못된 행동에 초점을 맞추는 것이 아니라 나의 마음을 전달하는 것입니다. 무엇 때문인지 이유를 안다면 아이는 마음을 조절하기가 쉬워집니다.

부모의 마음을 전달하는 대화, '나 전달법'

한 아이가 길을 가고 있는데 다른 아이가 실수로 어깨를 치고 지나갑니다.

"야!"

"뭐?"

싸움이 날 것 같은 험악한 상황이 벌어집니다. 똑같은 상황에서 어떤 아이는 다르게 말합니다.

"아!"

"어? 미안. 괜찮아? 안 다쳤어?"

상대방이 빨리 사과를 하니 아이도 화가 덜 납니다. 같은 상황에서 "야"와 "아"의 차이는 이렇게 큰 결과의 차이를 가져옵니다. 왜 그럴까요?

"야!"라는 말 다음에 사과의 말이 나오지 않고 "뭐?"가 나오는 이유는 그 말에 "너, 왜 나를 치고 가?"라는 비난과 원망의 메시지가 숨어 있기 때문입니다. 바로 '너 전달법(You-Message)'입니다. "아!" 다음에는 "내가 아파"라는 말이 숨어 있습니다. 바로 나의 느낌을 정확하게 말하는 '나 전달법(I-Message)'입니다.

"너, 왜 이렇게 능장을 부리니?"가 아니라 "엄마는 약속에 늦을까봐 걱정이 돼"라고 엄마의 초조한 마음을 말해 주세요. '나 전달법'은 아이의 행동에 대한 엄마의 감정과 아이의 행동이 엄마에게 끼치는 영향을 솔직하게 표현하는 방법입니다. 부모가 원하는 행동과 왜 그렇게 바라는지 정확하게 말하는 것이지요. '나 전달법'을 사용하면 아이는 자신이 비난받는다는 느낌을 받지 않습니다. 오히려 자신의 행동으로 엄마 아빠가 불편하다는 것을 알게 되어 사랑하는 부모님을 위해 행동을 바꾸겠다는 마음이 생깁니다.

수지의 부모님은 맞벌이 부부입니다. 아침마다 수지를 어린이집에 데려다 주는 일은 아빠의 몫입니다. 어느 날 아빠는 회사에 급한 일이 있어 수지를 어린이집에 일찍 데려다 주기로 합니다. 아빠는 잠에서 깬 여섯 살 수지에게 말합니다.

"아빠가 회사에 일이 있어서 오늘은 조금 일찍 가야 해. 수지가 서둘러서 준비해 주면 좋겠어."

아이는 조금 투정을 부리지만 서둘러서 준비합니다. 어린이집에 가는 길에 아빠는 아이에게 말합니다.

"아빠가 회사에 늦을까 봐 걱정이 되었는데 수지가 빨리 준비하고 아빠를 도와주니 너무 기분이 좋아."

저녁에 아빠를 만난 아이가 확인하듯 말합니다.

"아빠, 회사에 일찍 갔지? 또 언제 회사에 일찍 가?"

아이는 자신의 행동이 아빠에게 도움이 된 것을 확인하고 뿌듯해합니다. 다음에도 얼마든지 도와주겠다는 마음을 보여 줍니다. 정말 사랑스럽습니다.

다음은 '나 전달법'의 구체적인 방법입니다.

첫째, 상대방의 행동을 관찰해 봅니다. 사진으로 찍듯 보이는 행동을 서술합니다. 평가, 비판, 판단은 모두 다 빼고 객관적으로 보이는 행동만을 묘사합니다.

둘째, 그 행동이 나에게 미치는 영향이 무엇인지 파악해 봅니다. 내가 속상하면 왜 속상한지, 당황스러우면 왜 당황스러운지, 그래서 내가 어떤 영향을 받는지 살펴봅니다.

셋째, 나의 감정을 이야기합니다. 핵심 감정을 말하는 것이 소통하는 데 더 도움이 됩니다.

넷째, 엄마 아빠가 원하는 것이 무엇인지 자세하게 설명합니다. 부모가 원하는 것을 정확하게 표현하지 않으면 아이는 어떤 행동을 해야 할지 판단하길 어려워합니다. "엄마는 네가 이렇게 했으면 좋겠어"라고 말하면 됩니다.

다섯째, 엄마가 바라는 것을 수용할지 말지 아이가 결정하고 난 뒤 의견을 나누어 봅니다.

아이와 어떤 대화를 나누며 살고 싶은가요?

'너 전달법'은 아이에게서 상처, 죄책감, 좌절감, 원망, 분노, 반항을 유발할 수 있습니다. 반면 '나 전달법'은 변명하거나 반감을 느끼게 하기보다 어떻게 하면 좋을지 생각하게 만듭니다. 다음 표를 보고 그 차이를 한번 느껴 보세요.

	너 전달법	나 전달법
부모의 대화	귀찮게 하지 말고 저리 가.	아빠가 피곤해. 한 시간 뒤에 안아 줄게.
아이의 마음	난 귀찮은 존재구나.	아빠가 지금은 피곤하신가 보다.

	너 전달법	나 전달법
부모의 대화	빨리 숙제해.	네가 숙제를 안 하면 엄마가 신경이 쓰여서 다른 일이 손에 잡히지 않아.
아이의 마음	숙제하기가 정말 싫어. 공부는 지긋지긋해.	엄마가 나 때문에 방해를 받으시구나. 빨리 끝내야겠다.

	너 전달법	나 전달법
부모의 대화	친구를 왜 때리니? 사이좋게 지내야지.	네가 다른 방법으로 화가 난 것을 표현하면 좋겠어.
아이의 마음	아무도 내 마음을 몰라줘.	화날 때 어떻게 다르게 표현하지?

속 터지는 부모 마음은 누가 읽어 주나요?

학부모 참관 수업 날입니다. 초등학교 2학년 지민이 엄마는 신경써서 차려 입고 학교에 갑니다. 수업이 시작되기 전, 엄마는 아이들의 글과 그림을 예쁘게 붙여 놓은 게시판을 살펴봅니다. 지민이의 이름이 붙어 있는 그림이 보여 반갑고 안심됩니다. 그런데 그림을 들여다보는 순간 얼굴이 화끈 달아오르고 화가 치밉니다. 입이 아주 큰 엄마를 그려 놓고 '잔소리 대장'이라고 써 놓았습니다. 참관 수업 내내 엄마는 아무 말도 들리지 않습니다.

"그래 엄만 잔소리 대장이야. 엄마가 괜히 잔소리하니? 어떻게 엄마를 그렇게 그려 놓을 수 있어?"

집으로 돌아온 엄마는 아이에게 한참 화풀이하지만 화가 풀리지 않습니다.

이런 상황에서 화나지 않을 부모는 없습니다. 아이가 엄마를 공개적으로 망신을 주었으니 사랑하는 자식이지만 도저히 용서가 되지 않겠지요. 이렇게 마음이 힘든 상황이라면 아이를 원망하고 혼내는 말 말고는 할 말이 없을 것입니다. 좋은 대화법을 알더라도 '너한텐 절대 이런 말 안 해 주고 싶어'라는 마음이 들 것입니다. 엄마인 내 마음이 불편하고 화가 난 경우라면 우선 나의 마음부터 먼저 다독여야 합니다. 누군가 내 마음을 알아주고 위로해 주면 좋겠지만 불행히도 그런 경우는 많지 않습니다. 이럴 땐 스스로 자신의 마음을 위로해 주세요. 내가 나에게 독백하듯 말해 주세요. 거울을 보고 말해도 좋고, 나에게 편지 쓰듯 글을 쓰는 것도 좋습니다.

"아이가 너를 잔소리 대장이라고 말해서 많이 화가 나는구나."

"잘 키우려고 그렇게 애를 썼는데 이런 꼴을 당하니 너무 당황스럽고 속상하겠다."

"노력해 봤자 소용없다는 생각이 들겠다."

"그렇게 열심히 키웠는데 네 마음을 몰라주는 아이가 너무 원망스럽겠다."

"어린아이랑 이렇게 씨름하는 네가 한심스러운 느낌도 들겠다."

"부모 노릇 하기가 너무 힘들다는 생각이 들어 어디론가 멀리 떠나고 싶은 마음이 드는구나."

이렇게 내 마음을 챙기는 것이 바로 '마음 챙김'입니다. 마음 챙김이란 순간순간의 알아차림입니다. 평가하지 않고 주의를 기울여서 알아차리는 겁니다. 속상하면 '나의 속상함'을 알아차리고, 속상해서 아이에게 소리를 지르면 '소리를 지르는구나', '화를 풀고 싶구나' 하고 나의 의도를 알아차리는 것입니다. 그러다 멈추면 '내가 멈추고 있음'을 알아차리고, 한숨을 쉬면 '한숨을 쉬는구나' 하고 알아차리는 것입니다. 이렇게 알아차린 나의 속상한 마음들은 서서히 없어져 갈 것입니다. 어떤가요? 조금은 진정되는지요?

지금 나의 마음이 불편하다면 우선 내 마음을 안정시키는 일이 중요합니다. 먼저 나의 마음을 충분히 읽어 주고 위로해 주세요. 내가 내 마음을 알아주면 우리는 감정에 매몰되지 않습니다. 자기감정의 주인이 되어 성숙하고 지혜롭게 표현할 수 있습니다.

마음 읽기, 엄마 아빠의 노력이 필요해요

초등학교 3학년 승환이 엄마는 최근 정말 큰일 날 뻔한 일이 있었다고 합니다. 아이가 모처럼 숙제를 일찍 끝내고 잠자리에 들었습니다. 엄마도 기분이 좋아 오랜만에 책을 읽어 주었습니다. 그런데 책을 다 읽어 주고 나니 아이가 갑자기 "아, 나 독서록 숙제 있는데"라고 말합니다. 엄마는 아이가 숙제를 잊어버리고 있었다는 사실에 화가 났지만 잘 참고 "그럼 어서 써"라고 말했습니다. 아이가 일어나 독서록을 찾기 시작합니다. 여기저기 왔다 갔다 하더니 짜증 난 목소리로 말합니다.

"아이, 짜증 나. 독서록이 없어졌어요."

"뭐? 잘 찾아봐. 어디 있겠지."

"아무리 찾아도 없어요. 어디 갔지?"

"네가 놔두고 못 찾으면 어떡하니?"

순간 엄마는 화가 치밀어 올라 터져 버릴 것 같습니다. 하지만 꾹 참고 아이와 함께 독서록을 찾기 시작했습니다. 그런데 아무리 찾아도 없습니다. 아이는 어디다 두었는지도 모르겠고 기억도 안 난다고 합니다. 엄마는 정말 머리끝까지 화가 치밀어 오릅니다. 그래도 최소한 화를 내지 말고 참아야겠다는 생각을 합니다. 정말 화가 많이 나는데도 꾹 참기 시작합니다. 냉장고에 붙여 놓은 감정 목록표를 가져와 살펴봅니다. 엄마는 겨우 마음을 진정시키고 아이를 마주 보며 말했습니다.

"네가 이렇게 네 것도 못 챙기는 게 너무 화가 나. 숙제가 있는데 독서록을 두고 왔다고 생각하니 정말 답답하고 실망스럽기도 해. 엄마 너무 화가 났지만 화를 안 내려고 참으려고 일부러 왔다 갔다 했어. 넌 어떠니?"

"엄마가 나를 안 혼내서 너무 고마워요. 다른 공책에 숙제를 해 갈게요."

아이가 울면서 말했습니다.

다음 날 아이는 시무룩한 모습으로 학교에 갔습니다. 그런데 아이에게 전화가 옵니다. 아이는 약간 흥분하고 당당한 목소리로 이렇게 말합니다.

"엄마, 선생님이 독서록 안 돌려주신 거야. 그래서 숙제를 해 가지고 온 애가 다섯 명밖에 없었어요. 나, 선생님이 실수했는데도 숙제를 해 왔다며 칭찬 받았어요."

엄마는 정말 큰일 날 뻔했다는 생각이 들었습니다.

"아이를 혼냈으면 어쩔 뻔했어요. 아이는 자신을 못 믿는 엄마를 얼마나 원망했을까요. 정말 엄마가 자신의 마음을 먼저 살펴보고 있는 그대로 말하는 게 중요한 것 같아요. 이젠 무슨 일이 있어도 아이를 먼저 믿어야겠다고 마음먹었어요."

감정 읽기도, 생각 읽기도 엄마의 노력이 필요합니다. 아이의 마음을 알아주고 엄마의 마음을 아이에게 들려주는 일에는 이런 노력이 필요합니다. 아이의 마음을 알고 이해한다고 말하는 마음 읽기는 첫 번째 부모 역할입니다. 그리고 정말 고마운 일은 부모가 아이의 마음을 잘 알고 있다고 전달하기만 해도 우리 아이들은 스스로 잘 자란다는 사실입니다. 누군가 나를 믿어 주고 이해해 주는 사람이 있다는 사실이 자존감을 높여 주고 어떤 일에든 자신 있게 도전할 용기를 갖게 합니다. 이런 부모 밑에서 아이는 실패해도 다시 우뚝 일어설 줄 아는 멋진 사람으로 성장하게 됩니다.

대화의 시작을
힘들어하는 부모에게

 "엄마는 오늘", "아빠는 오늘"로 시작해 보세요

아이들은 늘 엄마 아빠의 이야기를 듣고 싶어 합니다. 잔소리가 아니라 엄마 아빠의 살아가는 이야기가 궁금한 것입니다. 즐거운 일이면 더욱 좋습니다. 조금 속상했던 일 중에서 아이에게 말해도 될 만한 것을 이야기하는 것도 좋습니다. 오늘 무엇을 하고 어떤 마음이었는지 이야기해 준다면 아이도 똑같이 자신의 이야기를 말할 수 있게 됩니다.

 좋은 질문으로 시작해 보세요

아침에 헤어졌다가 다시 만난 아이를 따뜻하게 꼭 껴안고 물어보세요.

"급식 시간에 먹기 힘든 반찬은 없었어?"

"친구랑 놀 때 속상한 점은 없었어?"

"○○시간에 지루하지 않았니?"

"발표할 사람 손들라고 할 때 마음이 불편하진 않았니?"

"그랬구나. 그래서 어떻게 했는데?"

"어떨 때 기분이 괜찮았어?"

"고맙거나 감사하다고 느낀 점이 있니?"

"이상하거나 신기한 점이 있었니?"

 말을 안 하려는 아이라면 이렇게 말해 보세요

"엄마가 혼낼까 봐, 실망할까 봐 말하기가 어려운가 보구나."

"네가 말을 안 하면 엄마는 더 속상하고 답답할 거야."

"어린이는 속상한 거, 실수한 거 다 말하는 거야."

"울어도 되고 가끔 투정을 부리는 것도 좋아."

"마음에 찌꺼기가 남지 않게 다 말하는 게 더 좋은 거야."

"무슨 말을 해도 엄마는 다 이해해."

"네가 말한 것 때문에 엄마가 조금 놀라거나 속상할 수도 있지만 괜찮아."

"너를 사랑하기 때문에 그런 거니까 용기를 내서 말했으면 좋겠어."

"말하고 나면 마음이 편안해질 거야."

끝말이 대화의
질을 좌우합니다

 대화의 시작만큼 대화의 끝도 중요해요

"엄마, 미안해요."

"엄마, 사랑해요."

"엄마, 고마워요."

아이가 하는 대화의 마지막 말이 어떤 말이면 좋겠습니까?

"○○아, 미안해."

"○○아, 고마워."

"○○아, 사랑해."

어떤 말로 대화를 끝내면 아이의 마음이 충만해질까요?

 "미안해"로 끝내지 말고 "고마워", "사랑해"로 끝내 주세요

똑같은 이야기를 나누어도 마지막에 무슨 말을 했는가에 따라 그 대화에 대한 추억은 달라집니다. 여러분은 아이와의 대화를 어떻게 마무리하시나요?

"그래, 앞으로 우리 열심히 하자. 잘할 수 있지?"

이렇게 끝낸다면 아이의 마음엔 부담감만 커질 겁니다.

"엄마가 네 마음 몰라줘서 미안해."

이러면 엄마의 마음에는 아이에 대한 미안함이 더 커지고, 아이의 마음에는 엄마가 미안해한다는 사실이 또 다른 불편함으로 남게 됩니다. 서로에 대한 미안함을 충분히 나누고 난 다음에는 아이에게 고맙다고 말해 주세요. 사랑한다고 말해 주세요. "미안해"로 끝나면 미안한 마음이 남습니다. "고마워"로 끝나면 고마운 마음이 남습니다. "사랑해"로 끝나면 사랑하는 마음이 남습니다.

 대화의 끝에 하면 좋은 말

대화의 마지막 말은 아이의 가슴에 새겨집니다. 그래서 다음 대화를 어떻게 할지 결정 짓습니다. 엄마 아빠와 많은 대화를 나누는 아이가 되길 원한다면 대화의 끝에 항상 이런 말을 해 보세요.

"넌 자기 마음을 솔직하게 잘 표현하는구나. 참 멋진 아이야."

"말하기 힘들었을 텐데 잘 이겨 냈구나. 넌 정말 용기 있는 아이야."

"너랑 이야기해서 너무 좋았어."

"엄만 너와 이야기 나누는 게 너무 좋아."

"그런 이야기해 줘서 정말 고마워. 사랑해."

Part 03_

점점 커 가는 아이,
부모의 대화도 바뀌어야 합니다

공감을 위해서는
대화의 기술이 필요합니다

부모와 자녀 간에 심리적 문제가 있을 경우 대처하는 방법은 크게 두 가지로 나뉩니다. 첫째는 그 사건에 대해 이야기를 나누어 갈등을 해소하는 방법이고, 둘째는 두 사람이 함께 즐겁고 행복한 경험을 하는 방법입니다. 첫 번째 방법은 생각보다 결과가 좋지 않을 수도 있습니다. 갈등을 해소하기 위한 대화에는 좀 더 섬세한 접근이 필요한데 그렇지 못해 차라리 말을 안 하는 게 더 좋았겠다고 느끼는 경우도 있습니다. 대화의 기술이 부족하다면 두 번째 방법을 먼저 시도해 보는 게 좋습니다. 서로 아픈 기억은 잠시 접어 두고 새롭게 행복한 경험을 쌓아 가는 방법입니다.

새로운 좋은 기억은 과거의 상처를 희미하게 만듭니다. 원망스럽기만 하던 엄마 아빠에게 '아, 이럴 수도 있구나. 참 좋구나' 하는 느낌을 갖게 된다면 아이 스스로 과거의 상처를 잘 통찰하고 승화해 나갈 수 있을 겁니다. 새로운 좋은 관계가 형성되면 과거의 상처를 떠올려도 아이는 성숙한 모습으로 담담하게 그 이야기를 할 수 있습니다. 이런 경험들은 부모와 아이의 마음이 모두 편안한 상태에서 하는 것이 좋습니다.

부모와 아이 모두의 마음이 편안할 때 우리는 무엇을 하고 있나요? 이상하게도 문제가 생겼을 때는 온 힘을 다해 고치려고 애를 쓰지만 모두가 편안한 시간에는 아무것도 하지 않는 경우가 많습니다. 임상심리학 박사이며 부모 역할 훈련(Parent's Effectiveness Training)의 창시자인 토머스 고든은 두 사람의 마음이 모두 편안할 때를 문제없는 영역이라 하고, 이 영역이 바로 아이의 마음이 성장하는 곳이라 했습니다. 심리적 안정감을 바탕으로 부모와 자녀 간의 관계가 더 돈독해지는 시간, 아이가 더 행복해지는 시간, 자신감을 얻고 성장해 가는 시간입니다. 이때는 부모가 조금 지시하고, 충고하고, 평가하고, 분석하더라도 크게 해롭지 않습니다. 아이는 좀 더 여유 있게 받아들이고 부모의 말에 귀 기울입니다. 서로 따뜻하고 친밀감이 있는 상호작용을 할 수 있기 때문입니다.

친밀하고 돈독한 관계를 위한 마음 나누기 대화법

직장 생활을 하는 초등학교 4학년 민정이 엄마는 저녁이면 꼭 아이와 함께 산책을 하려고 애씁니다. 아이의 마음을 위로하고 사랑하는 마음을 전하기 위해서입니다. 산책을 나가서 기분 좋게 이런저런 이야기를 나누고 싶습니다. 그런데 막상 산책을 나가면 "숙제 다 했지?", "준비물 다 챙겼니?" 하는 이야기만 나누게 됩니다. 아이는 기분 좋게 나갔다가 짜증 내고 툴툴거리며 집으로 돌아옵니다.

친밀하고 돈독한 관계를 위해 마음을 나누는 대화법은 어렵지 않습니다. 민정이 엄마에게 다음에 제시된 단어를 골라 아이랑 이야기를 나누어 보라고 했습니다.

감사해 / 고마워 / 미안해 / 대단해 / 사랑해 / 신기해 / 재밌어 /

궁금해 / 훌륭해 / 다시 ~한다면 / 만일 ~라면 / 한번 해 볼까?

위의 제시어 중에서 하나를 골라 두세 가지 정도의 이야기를 나누면 됩니다. 마음을 나누는 대화는 편안하고 부담 없는 이야기로 시작하는 게 좋습니다. 엄마가 먼저 아이가 좋아할 만한 주제를 골라 시작해 보세요. 엄마의 대화 분위기가 아이의 마음을 좌우합니다. 엄마가 좋은 이야기로 대화를 시작하면 아이와 친밀해지는 행복한 대화를 나눌 수 있습니다. 아이랑 차례대로, 혹은 한 사람이 먼저 다 말해도 좋습니다. 어떤 방법이든 아이가 원하는 방식대로 하면 됩니다.

❶ 감사해

엄마 엄만 오늘도 너랑 즐거운 산책을 하는 게 너무 감사해.

우리 민정이 손을 꼭 잡고 이야기 나눌 수 있어서 감사해.

오늘도 무사히 모두들 집으로 돌아와 함께 있을 수 있어서 너무 감사해.

아이 나도 엄마랑 산책해서 감사해요.

저녁에 부는 바람은 시원해서 감사해요.

엄마가 아이스크림 사 주면 더 감사할 거예요.

❷ 미안해

엄마 네가 학교 갔다 올 때마다 아무도 없는 집에 들어오게 해서 미안해.

자꾸 숙제하라고 재촉해서 미안해.

네가 좋아하는 갈비찜 자주 못 해 줘서 미안해.

아이 내가 자꾸 공부 미뤄서 미안해요.

동생이랑 자주 싸워서 미안해요.

엄마 바쁠 때 투정 부려서 미안해요.

몇 번 그렇게 이야기를 나누니 이제 민정이는 자기 먼저 이야기를 꺼냅니다.

"엄마, 오늘 선생님이 나만 남으라고 하셨다."

"왜?"

"내가 일기 쓸 때 쓰기 싫어서 글씨를 아무렇게나 썼잖아요. 그런데 선생님이 내 일기장을 보면서 '민정아, 글씨도 민정이 마음처럼 예쁘게 썼으면 좋겠다' 그러시는 거야. 아! 그래서 이제 일기 쓸 때 글씨를 아무렇게나 못 쓰겠어요."

"선생님이 민정이 마음이 예쁜 걸 어떻게 아셨지? 엄만 선생님이 그렇게 말씀해 주신 게 너무 감사하네. 넌 어땠어?"

"기분이 좋기도 하고 미안하기도 하고 그랬어요. 어쨌든 우리 선생님 완전 고수야. 날 꼼짝 못하게 만들잖아."

"하하, 정말 고수다, 고수!"

민정이와 엄마의 행복한 산책은 계속되겠지요?

한국 엄마의 최고 강점, 맞장구치기와 추임새 넣기

지금 우리나라에서는 대화법에 대한 관심이 무척 큽니다. 이런 추세에서도 절대 잊지 말아야 할 중요한 사실이 있습니다. 예전 우리 부모님들의 대화법입니다. 지금처럼 아이의 감정을 알아주려는 부모님은 드물었습니다. 자신의 마음을 잘 전달하시는 분도 드물었습니다. 그냥 아이가 잘못하면 혼내고, 화가 나면 화를 내셨습니다. 그런데도 지금처럼 심리치료가 필요한 경우가 그리 많지 않았습니다. 왜 그럴까요?

우리 부모님들의 대화법에는 아주 중요한 것이 있습니다. 바로 맞장구치기와 추임새 넣기입니다. 소중한 사람들 간의 대화는 기술로만 다루어져서는 안 됩니다. 서양의 대화법을 배워도 제대로 사용하지 못하는 이유는 우리에게 좀 어색하기 때문입니다. 기술보다 중요한 건 '네 마음을 나도 알고 있어. 그래 네가 말하는 게 맞아. 충분히 그럴 수 있어' 하는 마음을 전하는 것입니다. 우리의 부모님이, 우리 조상들이 그런 마음을 소통하고 나눈 대화가 바로 맞장구치고 추임새 넣기입니다. 그러면 말하는 사람은 신명 나서 계속 이야기를 꺼냅니다.

맞장구란 둘이 마주 서서 장구를 치는 일을 말합니다. 호흡을 맞추어 장구를 치다 보면 치는 사람도 듣는 사람도 무척 신이 납니다. 바로 그렇게 남의 말에 덩달아 호응하거나 동의하는 것이 대화에서의 맞장구치기입니다. 우리 부모님들은 맞장구를 잘 쳐 주었습니다. 평소 맞장구쳐 주는 부모를 보며 우리는 부모님이 내 편이고 나를 사랑한다는 확신을 갖게 되었습니다. 그러니 혼을 내거나 화를 내도 그것이 크게 상처가 되지 않았습니다. 맞장구치는 것은 상대방의 이야기를 잘 듣고 있다는 표현입니다. "그래? 그랬어?", "정말? 진짜?", "맞아, 그렇구나. 대단하다" 하고 맞장구치며 아이와 이야기를 나누어 보세요. 아이가 자신의 이야기를 엄마 아빠에게 할 때 가장 바라는 것이 맞장구쳐 주기입니다. 맞장구를 잘 치는 엄마 아빠가 있다면 아이는 언제나 든든할 것입니다.

몸짓으로도 맞장구쳐 주세요. 아이를 따뜻하게 바라보며 아이와 비슷한 표정으로 고개를 끄덕이면 됩니다. 엄마의 고갯짓을 아이는 여러 가지 의미로 받아들입니다.

- 가볍게 고개를 끄덕이면, "잘 듣고 있다. 계속 이야기해 봐."
- 여러 번 자주 끄덕이면, "너도 그렇게 생각하는구나. 맞아. 나도 그렇게 생각해."
- 크게 한 번 끄덕이면, "아, 놀라워! 처음 알았어. 정말 그렇구나. 과연!"
- 크게 여러 번 끄덕이면, "진짜 동감이야. 넌 대단해."

추임새도 마찬가지입니다. 추임새는 판소리에서 북을 치는 고수가 창 사이사이에 흥을 돋우기 위해 하는 소리입니다. "얼씨구", "좋다", "좋지", "잘한다", "어이", "그렇지", "암" 등의 감탄사 말입니다. 추임새라는 말은 '추어주다'에서 나온 것인데, '추어주다'는 '정도 이상으로 칭찬해 주다'라는 뜻을 지니고 있습니다. 추임새는 분위기에 맞게 하는 것이 좋습니다. 아이가 슬픈 이야기를 할 때는 같이 슬프게, 흥겨워서 말할 때는 같이 힘차고 흥겨운 어조로 하면 됩니다.

말하는 아이의 눈을 쳐다보며 추임새 넣고 맞장구쳐 보세요. 대화에서 가장 중요한 공감과 수용이 저절로 이루어집니다. 아이는 말문이 열려 더 말하고 싶어지고 엄마 아빠의 말도 잘 듣고 싶어질 것입니다. 맞장구치고 추임새 넣어 주는 부모와 함께 아이의 마음은 무럭무럭 성장합니다.

사회성이 좋은 아이로 키우는 '공감 대화'

"아이의 사회성은 엄마의 대화법에 달려 있다." 이 말에 공감하시나요?

2005년 영국의 경제·사회조사위원회 연구팀은 3~12세 아이들이 있는 미국의 57개 가족을 대상으로 아이의 사회성에 대한 연구를 실시했습니다. 엄마가 아이에게 말하는 방법이 아이가 성장한 후 사회성에 어떻게 영향을 주는지 살펴본 것입니다. 엄마가 3세 아이와 '아이들이 학교에서 즐거운 모습으로 나오는 그림', '사람들이 줄지어 기다리는 그림'을 보고 질문하고 대화를 나눕니다. 그 결과, 엄마와 함께 그림 속 등장인물들의 감정 상태에 대해 이야기를 나눈 아이들이

추후 사회 적응력과 업무 수행 능력이 뛰어난 것으로 나타났다고 합니다.

결국 엄마의 대화법에 따라 아이들의 사회성이 좌지우지된다는 말입니다. 아이들의 사회성에 중요한 영향을 끼치는 엄마 대화법의 핵심은 '감정에 대해' 이야기하는 것입니다. 부모가 자신의 마음을 잘 알아주고 다른 사람의 감정에 대해서도 이야기를 나누어 준다면 아이는 당연히 잘 배우게 됩니다. 자신과 다른 사람의 감정을 이해하는 아이는 자연스럽게 사회성이 좋은 아이로 성장합니다.

또 다른 흥미 있는 연구 결과를 소개합니다. 2009년 호주 라트로브대학교 에반 키드 교수팀은 4~6세 아이 44명에게 책을 읽힌 뒤 읽은 이야기를 묘사하게 했습니다. 이들 중 22명은 '상상 속 공룡' 같은 가상의 친구를 갖고 있었고 22명은 그렇지 않았습니다. 결과적으로 가상의 친구를 둔 아이들이 의미 전달과 의사소통에서 훨씬 뛰어난 것으로 나타났습니다. 이들은 상상 속에 친한 가족을 두고 있거나 토마토, 감자에 이름을 붙여 함께 노는 등 다양한 가상 인물과 교류했습니다. 키드 교수는 "의사소통을 하려면 상대방이 무엇을 알고 싶어 하는지 알아야 하는데, 가상의 친구를 둔 아이들은 평소에 그런 능력을 발달시키면서 실제로 다른 사람과 대화할 때도 그런 능력을 발휘하는 것으로 나타났다"고 말했습니다.

아이들은 인형이나 물건을 친구처럼 대하거나 눈에 보이지 않는 가상의 친구와 대화를 나누기도 합니다. '상상과 현실을 구분하지 못하면 어떡하지?', '우리 아이가 이상한 건 아닐까?', '저러다 진짜 친구랑 잘 지내지 못하면 어쩌지?' 하는 걱정은 할 필요가 없습니다. 상상의 친구를 둔 아이들이 오히려 의사소통이나 사회성, 창의성까지 더 뛰어나다고 하니까요.

아이가 너무 상상에만 빠져 지내는 것이 걱정된 엄마가 아이와 대화를 나눕니다. 엄마는 말합니다.

"그거 진짜 아닌 거 알지? 세상에 그런 게 어디 있니?"

그러자 아이는 대답합니다.

"엄마 때문에 상상이 다 깨지잖아요."

요즘은 사회성 프로그램이나 리더십 프로그램 혹은 캠프에 아이를 참여시키는 부모가 많습니다. 하지만 그런 프로그램에 보내기 전에 먼저 부모가 생각해 볼 것이 있습니다. 첫째, 모든 아이는 부모 자녀 간의 관계를 맺으며 사회성을 익힙니다. 둘째, 집에서 익힌 사회성이 또래 관계 사회성의 바탕이 됩니다.

혹시 아이의 사회성이 부족하다면 이제 다시 한 번 시작해 보세요. 아이의 마음을 알아주고 엄마의 마음도 말해 주세요. 그리고 그런 대화가 편하게 느껴진다면, 그림책을 보며 등장인물의 마음에 대해 이야기하고 친구의 마음에 대해서도 이야기를 나누어 보세요. 하지만 아이의 마음이 불편한 상태에서 다른 사람의 감정을 이야기하지는 않기 바랍니다. 자기 마음은 몰라주면서 다른 사람 이야기만 하는 부모에게 아이가 또다시 상처 받을 수 있으니까요. 두 사람의 마음이 모두 편안할 때, 교육과 학습의 영역에 머물러 있을 때 이야기를 나누세요. 아이들은 아주 잘 배울 것입니다.

뒷말의 순기능을 활용해 보세요

안 할수록 좋은 것이 뒷말입니다. 그런데 뒷말을 안 하고 사는 사람은 없습니다. 뒷말하는 아이에게 하지 말라고 말해도 소용이 없습니다. 그렇다면 하지 말라고 막기보다는 제대로 된 뒷말을 하는 건 어떨까요? 대부분의 사람들이 뒷말을 하고 삽니다. 뒷말에도 분명 좋은 점이 있지 않을까요?

2012년 미국 버클리 캘리포니아대학교 연구팀이 수백 명의 지원자를 대상으로 실험한 결과, 뒷말이 스트레스를 줄이고 나쁜 행동을 비판해 부당하게 이용당하는 것을 막는 장점이 있는 것으로 밝혀졌습니다. 연구팀은 실험 참가자들에게 사기꾼과 정직한 사람이 등장하는 신용거래 게임을 지켜보게 하고 심장박동수를 측정했습니다. 누군가가 잘못한 것을 목격한 실험 참가자들은 심장박동이 갑자기 빨라졌으며, 목격한 내용을 다른 사람에게 이야기하면 다시 정상적인 심장박동으로 돌아왔습니다. 그리고 게임 속 사람에게 쪽지를 건넬 기회가 생기자 대부분의 참가자가 정직한 사람에게 사기꾼의 속임수를 알려주려고 노력했습니다. 실험 결과, 연구팀은 뒷말이 일종의 치료제 역할을 하며 나쁜 행동을 경고하는 힘이 있다고 밝혔습니다. 연구팀의 사회심리학자 로브 윌러 교수는 "사회적으로 비판을 받는 뒷말이 한편으로는 사회 질서를 유지하는 데 비평적 역할을 한다는 증거를 찾았다"며 "잘못된 일을 한 사람의 행위에 대한 이야기를 퍼뜨리는 것은 사람의 기분을 나아지게 하고 동시에 불안을 잠재운다"고 설명했습니다.

심리 상담에 참여한 아이는 치료자에 대한 신뢰감과 친밀감이 생기면 엄마 아빠에 대한 뒷말을 하기 시작합니다. 엄마가 얼마나 잔소리를 많이 하는지, 얼마나 자기 마음대로 행동하는지, 얼마나 자주 화를 내고 찌증을 부리는지, 자신에겐 관심이 없어도 성적에는 얼마나 관심이 많은지…… 한번 시작하면 끝이 없습니다. 이렇게 마음 놓고 험담하는 건 분명 자신의 말이 엄마 아빠의 귀에 들어가지 않을 거라는 확신이 있기 때문이지요.

부모의 험담을 늘어놓는 아이에게 제가 해 주는 일은 맞장구쳐 주거나 힘들었을 아이의 마음을 알아주는 일뿐입니다.

"그렇구나. 저런, 세상에!"

"어쩜. 선생님 엄마도 그랬어."

"힘들었겠다."

아이들의 집단심리치료에서도 "너희 엄마도 그래? 우리 엄마도 그래" 하고 자신의 부모에 대한 뒷말을 하면서 서로 위로를 받고 아이들 간의 친밀감도 형성됩니다.

이런 시간이 아이에게 왜 필요할까요? 연구 결과처럼 아이의 기분을 좋게 하고 불안을 잠재우는 역할을 하는 것은 분명합니다. 그리고 실컷 뒷말을 하고 나면 아이는 "그래도 항상 나쁘진 않아요. 가끔 좋을 때도 있어요"라며 엄마 아빠의 좋은 점을 말하기 시작합니다. 부모의 좋은 점과 그렇지 못한 점에 대한 통찰을 하게 되는 겁니다.

트위터에 '~옆 대나무숲'이라는 계정이 있습니다. '출판사 옆 대나무숲'에선 출판사에 근무하는 사람들이, '방송사 옆 대나무숲'에선 방송사에 근무하는 사람들이 서로의 생각을 나눕니다. 동종업계에 있거나 공통 관심사를 가진 사람들끼리 불만과 애환을 토로하며 공감을 나누는 장입니다. 비밀번호를 공개해 누구나 익명으로 글을 남길 수 있습니다. 〈임금님 귀는 당나귀 귀〉라는 동화에서 이발사가 임금님의 비밀을 외친 곳이 바로 대나무숲이라는 점에 착안해 지은 이름이라고 합니다. 이야기 속의 이발사는 대나무숲에서 "임금님 귀는 당나귀 귀!"라고 외치고서야 병이 나았습니다. 정말 이름을 잘 지은 것 같습니다. '시월드 대나무숲', '고등학교 옆 대나무숲'도 있습니다.

이런 대나무숲 현상을 보고 서울대 심리학과 곽금주 교수는 '을'의

위치에 있는 사람들이 '갑'인 상사에게 간접적으로 자신의 의사를 전달하고 자신의 뜻을 주변 사람들이 공감하고 지지한다는 사실을 확인하는 과정에서 마음의 위안을 얻는 힐링 효과가 나타나고 있다"고 말했습니다. 제대로 된 뒷말은 치유 효과가 있다는 말이지요.

물론 뒷말을 잘못 사용하면 곤란한 문제가 발생할 수도 있습니다. 미국의 과학 전문 매체 〈라이브 사이언스〉는 '인간의 파괴적인 행동 열 가지에 관한 이해'라는 보고서에서 인간의 파괴적 행동 열 가지 가운데 한 가지로 학교, 회사 등 집단에서 흔히 나타나는 뒷말을 꼽았습니다.

뒷말의 목적은 진실이나 정확성 추구보다는 이야기를 주고받는 사람들끼리의 친밀감을 강화하는 데 있습니다. 즉, 제3의 인물에 대한 나쁜 감정을 나눔으로써 둘의 관계가 더욱 가까워짐을 느끼는 것이지요. 그런데 뒷말에는 공동체를 파괴하는 역기능이 있다고 합니다. 그러니 뒷말을 해도 탈이 나지 않을 뒷말을 해야겠습니다.

우리 아이에게는 안전한 대나무숲이 필요합니다. 대부분의 아이가 생각하는 자신의 대나무숲은 친구입니다. 하지만 친구에게 한 이야기가 알려져 오히려 많은 친구들에게 역공격 당해서 마음고생을 하기도 합니다. 엄마 아빠가 우리 아이의 안전한 대나무숲이 되어 주세요. 아이랑 한번 뒷말을 해보세요. 가족이 아닌 다른 사람에 대한 뒷말이 적절합니다. 또 뒷말을 해도 절대로 다른 사람의 귀에 들어가지 않게 하는 것이 중요합니다.

두 명의 고등학생 자녀를 둔 한 엄마가 스트레스에 시달리는 아이들의 마음을 풀어 주기 위해 날마다 간식을 먹으며 뒷말 시간을 가졌다고 합니다. 학교 선생님에 대해, 친구들에 대해, 연예인에 대해 뒷말을 했습니다. 그냥 그 시간에만 말로 끝나는 것이니 아무에게도 피해를 주지 않았습니다. 엄마는 두 아이와 그렇게 웃으며 이야기를 나누면서 아이들의 얼굴이 밝아져서 참 좋았다고 합니다. 게다가 이상하게 엄마의 마음도 편안해졌다고 합니다. 날마다 한 시간 정도 그렇게 시간을 보내니 아이들과 더 친해진 것 같고 밝아지는 아이들의 얼굴을 보면서 불필요한 욕심과 잔소리를 줄일 수 있었다고 합니다.

친구끼리 친구의 뒷말 하기, 가족끼리 가족의 뒷말 하기는 바람직하지 않습니다. 엄마 아빠와 아이들이 함께 하는 뒷말은 우리 가족을 더 친밀하게 만들어 주고 아이의 심리적 불안감을 줄여 주는 순기능이 발휘되는 것이어야 합니다. 아이의 마음에 도움이 되고 더 친밀한 가족이 될 수 있도록 한번 제대로 된 뒷말을 해 보기 바랍니다. ☕

모두의 마음이 편안할 때가
교육과 성장이 이루어질 때

두 사람의 마음이 모두 안정된 상태, 불편함이 없는 상태라야 진짜 교육과 학습이 가능합니다. 부모가 열심히 아이를 교육하려 해도 잘 되지 않았던 것은 아이의 마음이 불편할 때, 아니면 부모의 마음이 불편할 때 공부를 시켰기 때문입니다. 아이의 마음이 불편할 때는 책을 펴고 앉아도 한 글자도 눈에 들어오지 않습니다. 집중도 못 하고 효율성도 떨어지는 쓸모없는 시간입니다. 엄마의 마음이 불편할 때 엄마는 아이를 더 다그칩니다. 부모의 다그침으로 시작하는 공부는 고통과 원망과 분노의 과정일 뿐입니다. 이제 그런 시간은 만들지 않았으면 좋겠습니다. 마음이 편안할 때, 공부에 대한 흥미를 느낄 때 제대로 공부할 수 있습니다. '배우는 것이 재미있다', '더 알고 싶다'고 느낄 수 있습니다.

초등학교 5, 6학년 남자아이 여섯 명과 집단상담을 했습니다. 시험이 얼마 남지 않아 아이들의 스트레스가 무척 심했습니다. 시험에 대한 스트레스와 부모님에 대한 원망을 해소시켜 주기 위해 집단놀이를 계획했습니다. 예상대로 아이들은 무척 즐겁게 상담에 임했습니다. 집단상담이 끝나고 이야기를 나눈 후 한 아이가 나가면서 말합니다.

"오늘은 아무것도 한 게 없네."

다른 아이들도 동조합니다.

"그러게."

큰 소리로 웃고 실컷 이야기 나누며 속이 시원하다고 말한 아이들입니다. 시험에 대한 스트레스를 분명히 날렸다고 말한 아이들입니다. 그런데 왜 아이들은 아무것도 한 게 없다고 말하는 걸까요?

아이들의 이야기는 '배운 게 없다', '깨달은 게 없다', '내가 성장한 느낌이 들지 않는다'로 해석됩니다. 마음은 좀 편안해졌지만 그것만으로는 부족하다고 말하고 있습니다. 초등학교 3학년만 되어도 즐겁게 놀기만 하면 왠지 마음이 허전하다고 말합니다. 아이들은 본디 공부를 싫어하지 않습니다. 배움에 대한 흥미를 갖기 전부터 강요당했기 때문에 싫어하는 것일 뿐입니다. 관심 있는 지식에 관해서는 더 알고 싶어 합니다. 흥미롭게 느끼는 주제에 대해서는 어려워도 더 탐구합니다. 성적이 좋지 않은 아이도 마찬가지입니다. 그러니 이제 순서를 바꾸어 보는 건 어떨까요? 엄마도 아이도 마음이 편안할 때, 아이가 흥미를 느끼는 것을 제대로 배우는 일이 필요합니다.

🌸 아이의 흥미는 어디 있나요?

두 명의 아이에게 자신이 좋아하는 것을 마음속에 떠오르는 대로 모두 다 써 보라고 했습니다.

초등학교 2학년 현준

> 내가 좋아하는 것은 : 참새, 공새, 앵무새, 독수리, 매, 닭, 대가리, 오리고기, 비둘기, 붕황, 해마리 섬, 붕어, 금붕어, 민물고기, 해마, 고래, 잉어, 붕어, 날치, 알, 토끼, 거북이, 기린, 호랑이, 사자, 코브라, 붕사리, 새우, 아지, 문어, 오징어, 개구리, 도룡뇽, 물병이, 병아리, 펭소, 알, 늑대, 염소, 피라미, 캥거루, 닭, 울개, 용, 현무

초등학교 3학년 원재

> 빙고, 사방치기, 공차기놀이, 종이접기, 그림그리기, 비행기, 삼육구, 숫자두기, 집기, 낙서놀이, 스피드게임, 그림전달하기, 동서남북, 미로찾기, 얼마벌었더라 땅 축기, 생활하기, 사다리타기, 비밀놀이, 말전달하기, 그림되잡기, 전학하게그리기, 찍기, 눈말리기, 공만들기, 돌멩이축기, 거미통쾌, 모양생겨놀기, 책만들기, 글자기, 딱지치기, 모때로뜨기, 보드게임, 다트게임, 퀴즈, 얼굴그리기, 그림대회, 시계

초등학교 2학년 현준이는 온갖 종류의 동물 이름을 잔뜩 적었습니다. 초등학교 3학년 원재는 다양한 종류의 놀이를 적었습니다. 원재

는 단어 맞히기나 책 만들기, 글짓기도 놀이처럼 느꼈습니다. 두 아이의 개인적 흥미가 어디에 있는지 한눈에 봐도 차이가 납니다.

아이들은 흥미가 있어야 행동하기 시작합니다. 특정 행동을 유발하는 동기의 핵심은 흥미라는 감정입니다. 흥미는 아이가 무언가를 선택하고, 일의 순서를 정하고, 집중할 때 매우 중요한 역할을 합니다. 따라서 아이가 배우는 것을 즐기길 바란다면 부모가 꼭 관심을 가져야 하는 것이 아이의 흥미입니다.

흥미는 크게 개인적 흥미와 상황적 흥미로 나누어 볼 수 있습니다. 개인적 흥미란 개인이 특정한 주제나 영역에 느끼는 지속적이고 안정적인 관심을 말합니다. 상황적 흥미는 교사나 교재로 인해 느끼는 즉각적인 재미를 말합니다. 두 흥미의 차이는 간단합니다. 개인적 흥미가 있으면 언제 어디서나 늘 관심을 갖는 반면, 상황적 흥미는 교사나 교재에 특별한 재미 요소가 없으면 관심을 끌지 못합니다. 그러니 배우기를 즐기는 아이로 성장하길 바란다면 아이의 개인적 흥미가 어디에 있는지 알아보는 일이 중요합니다. 개인적 흥미는 아이가 선택하는 행동에 직접적인 영향을 줍니다. 흥미를 느끼는 대상에 지속적으로 참여하고 저절로 집중력을 발휘합니다. 그리고 무엇보다 유쾌하고 즐거운 감정을 갖습니다.

"우리 아이의 개인적 흥미는 어디에 있나요?" 이런 질문을 하기 전에 "어떻게 자기가 재미있는 것만 하나요? 어차피 공부는 싫어도 해

점점 커 가는 아이,
부모의 대화도 바뀌어야 합니다

155

야 하는 거잖아요" 하고 따지고 싶으신 분도 있을 겁니다. 물론 학교에서 정해진 공부는 그럴 수 있습니다. 하지만 궁극적으로 우리 아이가 잘 배우는 아이로 자라기 위해서는 어디선가 개인적 흥미를 키워 주는 일은 진행되어야 합니다. 학교에서 아이 개개인에 맞게 진행해 주면 정말 고맙겠지만 우리의 현실은 그렇지 않습니다. 다양한 사교육이 있지만 그것 또한 입시를 위한 수단이라 아이의 개인적 흥미를 살려 내기에는 역부족입니다. 그러니 온전히 부모의 몫으로 남을 수밖에 없습니다.

아이의 개인적 흥미를 찾는 일은 너무 어렵게 생각하지 않으셔도 됩니다. 앞에서 본 현준이와 원재처럼 아이들은 자신의 개인적 흥미가 어디에 있는지 늘 표현하고 있습니다. 다만 성적에만 관심을 가진 부모가 아이의 신호를 자신도 모르게 무시하는 경우가 많을 뿐입니다. 이제부터라도 아이의 개인적 흥미를 잘 발전시켜 주기 바랍니다. 개인적 흥미를 잘 발전시키다 보면 다른 교과 성적도 동반 성장하는 상승 효과가 나타나는 게 대부분입니다. 이유는 간단합니다. 개인적 흥미를 바탕으로 더 많이 배우고, 더 많이 깨닫고, 더 많이 성장하기 때문입니다. 개인적 흥미를 가진 아이는 즐겁고 유쾌하며 자신을 자랑스럽게 생각합니다.

개인적 흥미를 억누르고 억지로 해야만 하는 공부만 시킨다면 어떻게 될지 한번 생각해 보세요. 기분이 좋으면 아무리 어렵고 힘든 숙제도 거뜬히 해내는 아이들을 보면 쉽게 알 수 있을 것입니다. 배우기를 즐기는 아이로 자라길 바란다면, 사회에서 인정받고 자기 역량을 최대한 발휘하는 멋진 어른으로 성장하길 바란다면 부모가 아이의 개인적 흥미가 어디에 있는지 알아보고 도와주는 것은 정말 중요한 일입니다.

과학에 관심 있는 아이는 온갖 과학책을 섭렵합니다. 쉬운 그림책부터 시작해서 어려운 백과사전 혹은 어른들이 보는 과학 잡지책도 뒤적입니다. 무슨 말인지는 모르지만 사진이나 그림만 보아도 신기하고 재미있기 때문입니다. 그렇게 아이는 자신의 흥미를 키워 가며 계속 공부할 동기를 갖게 됩니다.

개인적 흥미의 놀라운 효과

다양한 영역의 새로운 지식을 배우는 것에 개인적 흥미가 있는 열살 아이가 있습니다. 홈스쿨링을 하는 이 아이가 오전 내내 하는 일은 다양한 주제의 책을 여기저기 펴 놓고 이것저것 뒤적여 가며 보는 것입니다. 특정한 주제에 대한 관심이 아닙니다. 말 그대로 이 책 저책 살펴보다 새롭고 궁금한 것이 있으면 잠시 머물러 그 내용을 살펴봅니다.

어느 날 아이가 엄마에게 퀴즈를 냅니다.

"엄마, 을씨년스럽다가 무슨 말인지 아세요?"

"글쎄, 좀 심란하고 쓸쓸하고 걱정되고, 뭐 그런 말 아니야?"

"그럼 그 말이 어떻게 만들어졌는지 아세요?"

"아니, 몰라. 어떻게 만들어졌는데?"

"그건 '을사년스럽다'에서 변형된 거래요. 을사년에 을사보호조약이 있었대요."*

이렇게 아이는 자신이 보던 책에서 새로운 사실을 발견하면 엄마에게 퀴즈를 내고 설명해 주기를 좋아합니다.

한번은 이 아이가 몸에 발진이 생겨 병원을 찾았습니다. 의사 선생님은 음식을 잘못 먹어 그런 것 같다고 말합니다. 아이는 의사 선생님께 또박또박 말했습니다.

"아닌 것 같아요. 제 몸에 난 발진이 둥글고 붉잖아요. 그리고 이쪽의 한두 개는 수포가 생긴 것 같아요. 그럼 수두 아니에요?"

의사 선생님이 다시 보더니 깜짝 놀라 말합니다.

"어? 수두 맞는 것 같네. 너 어떻게 알았어?"

* '을씨년'은 '을사년(乙巳年)'이 변해 생긴 말이다. 을사년(1905년)은 우리나라가 강제로 외교권을 빼앗기고 통감 정치가 실시된 해다. 초대 통감은 이토 히로부미다. '을사보호조약'으로 일본의 속국이 되었으므로 을사년은 우리나라 민중에게 가장 치욕스러운 해다. 그래서 마음이나 날씨가 어수선하고 흐릴 때 '을사년스럽다'고 하던 것이 지금의 '을씨년스럽다'로 변했다.

"백과사전에서 찾아봤어요."

이런 이야기를 들으면 참 부럽습니다. 이렇게 기특하고 대단한 아이는 으레 다른 집 아이이기 마련이니까요. 하지만 부러워할 필요 없습니다. 누구나 아이의 개인적 흥미를 발전시켜 주면 이런 경험을 할 수 있습니다.

개인적 흥미를 키우는 방법은 간단합니다. 아이의 흥미가 머무는 것과 관련된 다양한 책을 보여 주세요. 그리고 가끔이라도 그것과 관련된 경험을 할 수 있게 도와주세요. 개인적 흥미가 있는 주제나 대상에 대해 아이의 수준을 높여 주는 일도 효과적입니다. 부모나 교사는 균형 있는 독서를 선호합니다. 과학에 지나치게 관심을 가진 아이가 걱정되어 과학책은 좀 적게 보고 창작 동화나 역사에 관심을 갖게 하려고 노력합니다. 반대로 역사에만 관심이 치우치면 흥미가 없는 과학책을 보라고 강요하기 시작하지요. 이제 생각을 바꿔 보면 어떨까요? 아이의 개인적 흥미가 머물고 있는 바로 그 지점에서 시작해 봅시다.

동기는 모든 것의 시작

동기에는 내재적 동기와 외재적 동기가 있습니다. 외재적 동기란

보상에 의해 어떤 행동을 하도록 만드는 것입니다. 학교나 유치원, 학원에서 아이에게 주는 칭찬 스티커가 외재적 동기를 활용하는 대표적인 방법입니다. 외재적 동기는 아이의 행동을 지속시키거나 발전시키는 힘이 약합니다. 때로는 긍정적인 효과보다 부작용이 많습니다.

독서 나무에 스티커를 많이 붙이면 상을 준다고 합니다. 상을 받기 위해 열심히 노력한 아이가 있습니다. 다른 친구들이 20~30개를 붙일 때 열심히 책을 읽어 50장을 가장 먼저 붙였습니다. 하지만 그 다음 해, 아이는 더 이상 책을 읽지 않게 되었습니다. 권수를 채우는 책 읽기, 개인적 흥미를 잃어버린 책 읽기는 아이에게 내재적 동기를 부여해 주지 못했기 때문입니다.

내재적 동기란 외부적인 강화와 상관없이 특정한 행동을 수행하려는 심리적 욕구를 말합니다. 외재적 동기의 부작용으로 책을 읽지 않게 된 아이가 다시 책을 즐겨 읽기 위해서는 개인적 흥미가 있는 주제에 대한 책부터 아주 조금씩 천천히 다시 읽기 시작해야 합니다. 아이들은 자신이 흥미를 느끼는 것을 통해서만 제대로 배웁니다. 실제 교육 현장에서는 개인 간 차이가 커서 개인적 흥미를 고려하기가 어렵습니다. 그러니 우리 아이의 개인적 흥미에 관심을 가져야 할 사람이 누구인지는 말하지 않아도 되겠죠?

상황적 흥미로 학습 동기를 유발하세요

퀴즈 하나! 사냥꾼이 사냥을 하러 집을 나섰습니다. 집에서 남쪽으로 500미터 갔습니다. 아무것도 없습니다. 다시 동쪽으로 500미터 갔습니다. 또 아무것도 없습니다. 다시 북쪽으로 500미터 갔습니다. 그랬더니 처음 출발했던 자신의 집에 도착했습니다. 그런데 갑자기 곰이 나타났습니다. 그 곰의 색깔은 무엇일까요? 이 문제는 난센스 퀴즈가 아닙니다. 논리적으로 푸는 문제입니다.

이 질문에 우선 무턱대고 자신이 아는 곰의 색깔을 말하는 아이도 있습니다. 그럴 땐 그렇게 생각하는 이유를 물어봐 주세요. 문제가 잘 이해되지 않는다면 그림을 한번 그려 볼까요?

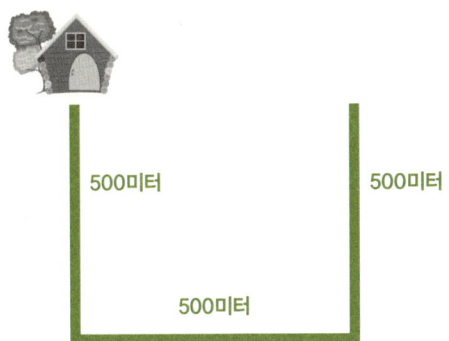

그림을 그려 보니 더 말이 안 되는 것 같습니다. 하지만 문제에는 이상이 없습니다. 그렇다면 남쪽 → 동쪽 → 북쪽으로 갔는데 다시 자기 집에 도착한다는 게 말이 될까요? 아이들은 이렇게 대답하기도 합니다.

"집이 움직여요."

"집이 500미터짜리예요."

"노숙자예요."

"아무 데나 다 집이에요."

아이들의 추측도 참 재미있습니다. 힌트를 드리겠습니다. 지구상에서 이 문제가 성립될 수 있는 곳이 딱 한 군데 있습니다. 어디일까요? 바로 북극입니다. 그럼 곰의 색깔은? 북극곰이니까 흰색! 재미있으신가요?

퀴즈 둘! 나는 건물의 주인입니다. 그런데 입주자들이 엘리베이터가 너무 느려서 불편하다고 불평합니다. 어떻게 하면 이 문제를 해결할 수 있을까요? 첫째, 엘리베이터를 새로 하나 더 만든다. 둘째, 크고 빠른 엘리베이터로 교체한다. 셋째, 서로 이용 시간을 정해서 사용한다. 해결 방법이 마음에 드시나요? 첫 번째, 두 번째는 돈이 많이 듭니다. 세 번째는 사용자들이 더 불편해질 겁니다. 이제 새로운 방법을 고민해 보아야겠지요.

실제로 이런 문제가 발생한 건물에서 신기하게도 바로 그 다음 날 사용자들의 불만이 사라졌다고 합니다. 주인이 마술을 부린 걸까요? 주인은 돈이 없어 엘리베이터를 교체하거나 고치는 건 어려웠다고 합니다. 그래서 좀 다른 방법으로 생각했습니다. '엘리베이터를 기다리는 동안 사람들이 짜증 나지 않게 하는 방법은 없을까?' 하고 질문을 바꾸어 보니 기발한 해결책을 얻을 수 있었습니다. 엘리베이터 옆 벽면에 거울을 붙인 것입니다. 사람들은 거울을 들여다보느라 기다리는 시간을 지루해하지 않게 되었습니다.

혹시 이 두 문제가 재미있다고 느끼셨다면 이유는 문제 자체가 상황적 재미를 제공해 주었기 때문입니다. 재미를 느낀 아이들은 이런 문제를 또 내 달라고 아우성입니다.

1950년대 후반 토론토대학교의 심리학자 대니얼 벌라인은 상황적 흥미를 자극하는 네 가지 외부 요인으로 새로움, 복잡함, 놀라움, 모호함을 꼽았습니다. 이때 자극이 일정한 수준에 이르지 못하면 흥미가 발생하지 않습니다. 반대로 그 수준이 너무 높은 경우에도 흥미 대신 두려움이나 회피 반응이 나타난다고 합니다. 즉, 아이가 흥미를 가지려면 네 가지 요인 중 하나 혹은 그 이상이 적정 범위 안에 있어야만 합니다.

- 친숙함 — 새로움
- 단순함 — 복잡함

- 예측이 가능함 — 놀라움
- 명확함 — 모호함

아이가 상황적 흥미를 느끼고 더 공부할 수 있도록 도와주세요. 아직 개인적 흥미를 찾지 못한 아이도 이렇게 재미있는 이야기나 생각할 거리를 제공하면 배우기를 즐기게 됩니다. 이런 퀴즈나 이야기를 어디서 찾느냐고요? 간단합니다. 바로 책입니다. 아이들이 재미있다고 말하는 책은 상황적 재미 요소가 하나 이상 들어 있게 마련입니다. 그러니 아이가 재미있다고 하면 거기서 어떤 흥밋거리를 찾았는지 이야기를 나누면 됩니다. 상황적 흥미가 있는 책을 읽다 보면 개인적 흥미를 찾기도 쉬워집니다. 상황적 흥미와 개인적 흥미는 서로 영향을 끼치며 발전합니다. 흥미는 곧 아이의 학습 동기로 이어집니다. 아이의 흥미를 살려 주다 보면 우리 아이는 배우고 공부하기를 즐기는 아이로 성장하게 됩니다.

인지적 흥미를 살려 주세요

아이들은 원래 책을 좋아합니다. 혹시 지금은 책을 좋아하지 않게 된 아이라도 원래는 책을 좋아했을 것입니다. 이야기를 읽으면서 흥미를 느끼기 때문입니다. 글을 읽으며 느끼는 흥미는 정서적 흥미와 인지적 흥미로 나뉩니다. 정서적 흥미는 말 그대로 감각적인 즐거움을 제공하는 자극이 있을 때 느껴지는 감정입니다. 아이들이 재미있다, 재미없다고 말하는 것은 대부분 정서적 흥미를 이야기합니다. 정서적 흥미는 재미는 있지만 기억에 남는 내용이 없는 경우가 대부분입니다. 쉽게 말해 재미는 있는데 남는 게 없는 느낌이 듭니다.

저는 고등학교 시절 《유리가면》이라는 만화책을 무척 좋아했습니다. 《유리가면》은 전설의 연극 〈홍천녀〉의 주인공을 목표로 경쟁하는 아유미와 마야, 두 소녀의 이야기입니다. 〈홍천녀〉의 주인공 역할을 놓고 어느 날 연기 대결이 벌어집니다. 한 사람이 상황을 제시하면 다른 한 사람은 "예", "아니오", "고맙습니다", "죄송합니다"라는 네 가지 대사만으로 모든 상황에 대처해야 합니다.

아유미가 마야를 공격합니다.

"자, 당신이 좋아하는 곡을 틀어 줄게요. 어떤 곡을 좋아하죠?"

곡의 제목을 말할 수 없는 마야는 당황합니다. 마야가 이기기를 바라던 저는 이 장면을 보며 '이제 마야가 졌구나. 어떡하지?' 하는 생각밖에 안 들었습니다. 아무리 생각해도 도저히 마야가 이 상황에서 벗어날 방법은 없어 보였습니다. 조마조마한 마음으로 다음 장을 넘겼습니다. 고민하던 마야는 말없이 어디론가 걸어갑니다. 무릎을 굽히고 앉아 뒤적이는 시늉을 합니다. 일어나서 두 손을 펴서 아유미에게 무언가를 건네는 시늉을 하며 "예"라고 말합니다.

정말 기막힌 장면이었습니다. 마야는 마임으로 음반을 고르는 시늉을 하고 아유미에게 갖다 준 것입니다.

'아, 이런 방법이 있었구나!'

저는 너무 재미있었습니다. 수십 년이 지나도 여전히 그 기억이 생생하게 떠오릅니다. 이 장면에 제게 준 인지적 흥미의 영향은 컸습니다. 이후 제 마음속에 확고히 자리 잡은 생각이 있습니다.

'어떤 상황이라도 조금만 다르게 생각해 보면 틀림없이 새로운 해결책이 있을 거야.'

타이완의 동화작가 퉁지아의 《도서관의 비밀》은 어느 날 도서관에 등장한 '누군가'를 둘러싼 추리 그림책입니다. '나'는 도서관 사서입니다. 도서관에서 일을 한 지 딱 사흘째 되는 날, 도서관에 이상한 일이 생겼다는 생각이 듭니다. 이상한 소리와 정체불명의 불빛과 그림자를 쫓지만 계속 놓치고 맙니다. 정체불명의 침입자 때문에 도서관은 엉망이 됩니다. '나'는 범인이 빨간색 책을 좋아한다는 사실을 알아채고 빨간색 책으로 유인합니다.

다음 이야기가 어떻게 될지 궁금한가요? 빨리 알고 싶고 기대되나요? 인지적 흥미를 주는 책은 이렇게 뒷이야기가 궁금하고 꼭 알려고 노력하게 만듭니다. 인지적 흥미란 예상과 다른 무언가를 발견하고 놀랄 때 느끼는 만족감입니다. 인지적 흥미를 느낀 아이들은 뭔지 모를 가슴 벅참을 느낍니다. 좀 더 배우고 싶고, 알고 싶은 것이 많아집니다. 그리고 그런 느낌을 갖는 자신이 스스로도 대견스럽고 마음에 듭니다.

초등학교 저학년까지는 정서적 흥미만 충족되어도 심리적으로 건강하고 밝은 아이로 잘 성장합니다. 하지만 아이가 좀 더 자라 무언가 배우고 성장하고 싶은 욕구가 생기면 정서적 흥미만으로는 더 이상 모든 게 충족되지 않습니다. 배우기를 즐기는 아이로 키우고 싶다면 정서적 흥미와 인지적 흥미 모두를 지속적으로 제공해 주는 것이 중요합니다. 그러나 아쉽게도 이렇게 인지적 흥미를 주는 책은 그리 많지 않습니다. 게다가 아이들이 꼭 공부해야 하는 교과서는 더욱 그렇습니다. 그렇다고 손 놓고 있을 수는 없습니다.

아이의 인지적 흥미를 자극하는 방법을 살펴보겠습니다. 흥미롭지만 중요하지 않은 정보와 중요하지만 흥미롭지 않은 정보 중 아이들은 어느 정보를 더 잘 기억할까요? 당연히 흥미로운 정보를 더 잘 기억합니다. 중요한 정보를 흥미롭게 만드는 것이 중요합니다. 중요한 정보를 흥미롭게 만들기 위해서는 관련된 세부 정보를 알려주는 것이 좋습니다. 부모가 조금 더 노력해서 아이에게 흥미로운 세부 정보를 제공하면 아이의 개인적 흥미와 인지적 흥미를 자극할 수 있습니다.

나카 간스케가 쓴 《은수저》라는 책이 생각납니다. 1934년 나다중 고등학교에 부임한 하시모토 선생님은 3년 동안 국어시간에 '교과서를 버리고' 소설책 《은수저》 한 권을 읽었습니다. 선생님은 소설의 주인공이 과자를 먹으면 그 과자를 구해 아이들에게 나누어 줍니다. 연이 나오면 연날리기 체험을 합니다. 단순히 책을 읽는 것에 그치지 않고 책의 내용을 따라 하나하나 느끼고 체험하며 좀 더 세부적인 정보들을 제공하며 책 읽기를 진행합니다. 수업에 참여한 학생들은 훗날 계절을 느끼는 감수성, 배움에 임하는 자세, 어려운 일이 발생했을 때 조급해하지 않고 여유롭게 헤쳐 나갈 수 있는 지혜를 주는 수업이었다고 회상합니다.

선생님과 함께 책을 읽으며 아이들은 어린 주인공이 느끼는 기쁨과 놀라움과 무례함과 질투심을 체험했습니다. 한 단어, 한 구절의 울림과 깊이까지도 곱씹었습니다. 얼마든지 샛길로 빠지면서 각자의 개성을 발굴하고 존중할 수 있었습니다. 선생님은 '천천히 읽고 깊이 생각하고 크게 깨닫는 힘'을 갖게 도와주었습니다. 학생들이 흥미를 좇아서 샛길로 빠지는 수업, 아이들을 나무라거나 차별하지 않는 수업, 폭넓고 다양한 이야기로 학생들이 마음껏 의문을 갖도록 하는 수업, 누구나 흥미의 대상을 찾고 점점 거기에 빨려 들어가도록 하는 수업이었습니다. 우리 아이들도 이런 배움을 경험할 수 있으면 참 좋겠습니다.

흥미와 동기를 살리는 대화

사람은 자신에게 의미 있는 것은 쉽게 기억합니다. 자신과 관련된 기억은 장기 기억에 저장되기 쉽습니다. 우리의 기억에서 나 자신과 관련된 부분을 잘라 내고 나면 아마 거의 아무것도 남지 않을 것입니다. 아이가 공부에 흥미를 느끼게 하려면 자신과 연관된 생각을 할 수 있도록 도와주세요.

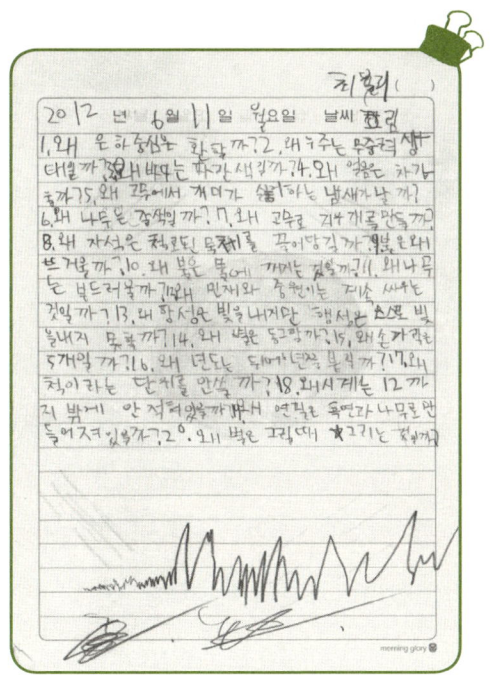

초등학교 3학년 율리가 자신이 관심 있는 주제에 관해 쓴 글입니다. 개인적 흥미가 어디에 있는지 잘 드러나 있습니다. 여기에 맞춰 인지적 흥미를 불러일으킬 수 있는 책을 제공해 주고 견학이나 체험으로 더욱더 동기 부여를 하면 좋을 겁니다. 그다지 색다른 흥미 요소가 없더라도 아이는 자신의 개인적 흥미로 인해 계속 열심히 공부해 나갈 것입니다.

이때 부모가 아이의 흥미와 동기를 살리는 대화를 나누면 더욱 좋습니다. 아이의 흥미와 관련된 이야기를 나누면 아이는 자신에 대해 생각하게 됩니다. 그리고 자신과 연관된 주제에 대한 생각도 넓혀 갑니다.

'나도 그렇게 생각해.'

'내 생각은 좀 다른데. 난 저게 말이 안 된다고 생각해.'

'나도 저렇게 해 보고 싶어.'

자신에 대해 생각하고 느낄 줄 아는 아이는 세상에 대한 흥미 또한 키워 나갈 수 있습니다. 관심 있는 영역에 대한 공부는 다른 교과에도 긍정적인 영향을 미칩니다. 잘할 수 있다는 자신감을 얻고, 다른 것도 다 잘하고 싶다는 동기도 생기니까요. 바로 이런 것이 동기가 되어 늘 배우고 공부하기를 즐기는 아이로 성장할 것입니다.

흥미와 동기를 살리는 대화법을 살펴볼까요?

❶ 관심 끄는 질문을 해 주세요

아이의 흥미가 머무는 것에 대해 질문해 주세요. 아이만큼 몰라도 됩니다. 아이가 우리에게 가르쳐 줄 테니까요. "바다는 왜 파란색이야? 손으로 바닷물을 떠 보면 그냥 투명한데 멀리서 보면 왜 파랗지?"라고 엄마가 물어보면 아이는 신나서 대답할 겁니다. 잘 모른다면 아마 찾아서라도 말해 주겠지요.

❷ "너는 어떻게 생각하니?"

"자석은 철로 된 물체를 끌어당기잖아. 그런데 지구는 철로 되어 있지 않은데 왜 태양이 끌어당기고 있지? 넌 어떻게 생각해?" 아이의 관심거리에 대해 질문해 주세요. 아이가 정답을 몰라도 됩니다. 아직은 잘 모르지만 앞으로 생각을 하게 될 테니까요. 그저 이런 대화만으로도 아이는 흥미를 갖고 더 공부하고 싶어질 것입니다.

❸ "너의 말로 다시 표현해 보렴"

"나도 그렇게 생각해요." 아이가 자주 하는 말입니다. 이럴 땐 아이의 말로 표현하도록 다시 한 번 물어보세요. 엄마와 똑같다고 말했던 아이도 자신의 말로 하면 진짜 자기 생각이 나올 수 있습니다. 친구랑 생각이 똑같다고 말하는 아이도 자기 말로 이야기하다 보면 무언가 다른 이유, 다른 생각을 말합니다.

④ "네 생각엔 어떻게 될 것 같니?"

이런 질문은 아이가 미처 생각해 보지 못한 것에 대한 생각을 키워 줍니다. "잘 모르겠는데요. 생각 안 해 봤는데요"라고 말한다면 "그럼 지금부터 한번 생각해 봐"라고 말해 주세요. 자신의 입장에서 시작해 다양한 관점으로 폭넓은, 혹은 깊이 있는 생각을 할 수 있게 될 것입니다.

네 가지 방법 모두를 다 사용하지 않아도 됩니다. 그저 한두 가지 대화로 흥미와 동기를 이끌어 낼 수 있으면 충분합니다.

초등학교 4학년 아이가 고민을 합니다. 학교에서 세금을 주제로 보고서를 쓰라고 했기 때문입니다. 엄마는 세금에 전혀 관심 없는 아이의 흥미를 유발하고 아이의 생각을 이끌어 내기로 마음먹으며 대화를 시작합니다. 먼저 관심 끄는 질문을 했습니다.

"네가 오늘 사 먹은 과자에도 숨어 있어. 네가 입은 옷에도 숨어 있고. 이건 뭘까?"

"그게 뭔데요?"

"너도 모르게 내는 돈이야."

"제가 돈을 내요?"

"바로 세금이야. 직접 내는 게 아니어서 간접세라고 해. 1,000원짜리 과자를 사면 100원은 세금으로 내는 돈이야."

새로운 사실에 아이는 어떻게 생각할까요? 아이가 자신의 생각을 말하면 지속적인 동기 유발이 가능해집니다.

"이렇게 너도 모르게 세금을 내고 있다는 사실을 너는 어떻게 생각하니?"

"왜 내야 해요?"

아이는 왜 내야 하는지 궁금해합니다. 엄마는 아이가 누리고 있는 많은 부분이 세금의 혜택이라는 말을 해 줍니다. 아이가 자주 가는 도서관도 세금으로 지은 것이고, 도로나 공원도 국민들이 낸 세금으로 만든 것이라고 말해 줍니다. 아이가 말합니다.

"그럼 세금은 꼭 내야겠네요. 엄마 아빠도 세금 내고 계세요?"

드디어 궁금한 게 생기기 시작합니다. 좀 더 흥미를 갖게 하려면 '방귀세'나 '수염세' 혹은 '비만세'가 있는 나라도 있다는 재미있는 정보를 주고 찾아보게 하면 더 좋습니다. 이제 아이는 자신이 새롭게 알게 된 것에 대해 뿌듯해하며 친구들에게 자랑하고 싶어지겠죠?

성장 시기별로
꼭 필요한 말이 있어요

아이는 커 가는데 부모가 하는 말은 별로 달라지지 않습니다. 초등학교 1학년한테 하는 말이나 중학교 1학년한테 하는 말이 거의 똑같습니다. 말만 잘하면 멋진 아이로 키울 수 있다는데, 이제부터라도 아이의 성장에 맞는 대화로 바꾸어 가는 것이 좋겠습니다.

커 가는 아이는 시기별로 꼭 성취해야 하는 발달 과업이 있습니다. 부모는 아이가 자신의 발달 과업을 잘 성취할 수 있도록 도와주어야 합니다. 정신분석학자이며 아동 발달에 지대한 공헌을 한 에릭 에릭슨이 제시한 심리-사회적 발달 이론(Psycho-Social Development Theory)에 맞추어 부모가 어떤 대화를 하면 좋은지 알아보겠습니다.

에릭슨은 인간의 성장 과정을 여덟 단계로 나누었습니다. 그리고 각각의 단계별로 극복해야 할 심리사회적 위기와 위기를 극복함으로써 얻게 되는 발달 과업을 제시했습니다. 그중 탄생에서부터 초등학생 단계까지 살펴보겠습니다.

0~1세 :
세상은 믿을 만한 곳인가요? 나는 나를 믿어도 되나요?

0~1세는 '신뢰감 대 불신감'의 단계입니다. 성취해야 할 긍정적인 과업은 기본적인 신뢰감입니다. 신뢰감은 '날 이렇게 돌봐주는 걸 보니 사람이란 믿을 만하구나. 세상은 믿을 만한 곳이구나. 난 중요하고 괜찮은 사람이구나' 하는 자신과 타인, 그리고 세상에 대한 신뢰감을 말합니다. 부모의 따뜻하고 정성스러운 보살핌과 주변 세계의 일관성 있는 지지를 받으면 신뢰감을 가질 수 있습니다. 반면 주위의 보호가 부적절하면 불신감을 갖게 됩니다.

이 시기의 아기에게는 과연 어떤 대화가 필요할까요? 아기가 울면 엄마는 "배고프구나", "기저귀가 젖었니?", "어디 불편해?" 하며 세세히 보살펴 줍니다. 그냥 젖을 주고 기저귀를 갈아 주는 것과는 커다란 차이가 있습니다. 아기는 청각부터 발달합니다. 엄마의 따뜻한 보살핌과 함께 사랑이 담긴 목소리를 들으며 심리적 안정감을 갖게 되지요.

다음은 신뢰감을 키워 주는 부모의 대화 방법입니다.

❶ 사랑이 담긴 말을 많이 해 주세요

아기의 눈을 바라보며 말을 걸어 주세요. 부모가 말을 많이 걸어 주면 언어 발달뿐 아니라 두뇌 발달에도 큰 도움이 됩니다. 젖을 먹이고, 기저귀를 갈아 주고, 잠을 재우며 늘 이야기를 들려주세요. 할 말이 없다면 천천히 책을 읽어 주어도 좋습니다. 부모가 아기에게 직접 말을 하는 것이 중요합니다. 알아듣지 못하더라도 자신의 눈을 바라보고 웃으며 말해 주는 엄마의 마음은 전달됩니다. 말재주가 필요한 것도 아니고 많은 것을 알아야 하는 것도 아닙니다. 오늘 하루 있었던 일, 엄마가 좋아하는 것에 대해 마치 친구와 편안한 마음으로 수다를 떨듯이 말하면 됩니다.

어른들끼리 말하거나 텔레비전을 보여 주는 건 도움이 되지 않습니다. 미국소아과학회는 '만 2세 미만의 아이에게 텔레비전이나 비디오를 보게 해선 안 된다'는 공식 입장을 발표하기도 했습니다. 혹시 어쩔 수 없이 보아야 한다면 양육자가 옆에서 계속 말을 걸어 주어야 합니다.

❷ 스킨십이 중요해요

아기를 안아 주고 입을 맞추고 몸을 다독이며 이야기해 주세요. 아기에게는 피부 접촉이 정말 중요합니다. 접촉을 통해 안정감을 느끼고 위안을 받습니다. 그러니 안아 주고 입을 맞추어 주며 말을 많이 하는 것이 좋습니다.

❸ 아기에게 하는 말을 녹음해서 들려주세요

아기와의 소통 시간이 부족한 엄마 아빠는 아기에게 하는 말을 녹음해서 들려주세요. 책 읽는 소리를 녹음하는 것도 좋습니다. 아기의 옹알이 소리가 들어가도 좋습니다. 제품으로 만들어진 동화책 소리와 달리 엄마 아빠의 목소리는 바로 아기에게 전하는 사랑입니다. 엄마 아빠가 없는 시간 동안 들려주거나 잠자리에서 들려주면 부족한 심리적 충족감을 조금은 채워 줄 수 있습니다.

2~3세 :
내가 할 거예요. 실수도 칭찬해 주세요

만 2~3세는 '자율성 대 수치심'의 단계입니다. 발달 과업은 자율성입니다. 이 시기의 아이들이 가장 자주 하는 말은 '내가'입니다. 뭐든지 직접 해 보면서 세상을 배워 나가고 자기 스스로 조작하려는 욕구가 강한 시기입니다. "내가 할 거야. 나 혼자 할 거야"라고 말하는 아이에게 자신이 스스로 할 수 있는 기회를 제공해 주세요. 단, 무제한의 자유가 아니라 아이가 하면 할수록 더 잘하게 되는 행동을 시도하도록 도와주세요. 혼자 밥 먹겠다는 아이, 혼자 옷을 입겠다는 아이를 제재만 한다면 아이는 '난 능력이 없는 사람인가 봐'라고 생각하게 됩니다. 그렇다고 스스로 하기 어려운 과제를 주면 아이는 자신의 무능함에 수치심을 느끼게 됩니다. 과잉보호나 방치 혹은 지나친 훈육모두 아이의 심리적 성장을 방해할 뿐입니다.

다음은 자율성을 키워 주는 부모의 대화 방법입니다.

❶ 아이의 말을 열심히 들어주세요

18~24개월 전후 언어 폭발 시기가 오면 아이는 정말 말이 많아집니다. 단어로만 말하다가 문장을 구사하기 시작합니다. 하루가 다르게 말이 늘어납니다. 아이의 말을 맞장구치며 듣는 것이 중요합니다.

❷ 아이의 감정과 생각을 더 많이 읽어 주세요

"속상하구나." "또 하고 싶구나." "궁금하구나." 이런 말만 해도 아이는 스스로 말하고 엄마의 반응을 확인하고 또 말합니다.

❸ 칭찬을 많이 해 주세요

어린아이들은 칭찬하는 엄마를 좋아합니다. 칭찬을 듣기 위해 바른 행동을 더 많이 합니다. 초등학교 저학년까지는 칭찬의 긍정적 효과가 훨씬 더 큽니다. 부작용은 걱정 마시고 많이 칭찬해 주세요.

❹ 아이의 질문을 바탕으로 엄마의 이야기를 들려주세요

이 시기는 무엇보다 호기심이 많은 시기입니다. 호기심은 배움의 동기가 됩니다. 두 돌이 지나면 나름대로 수준 있는 대화가 가능해집니다. "이건 뭐야?", "그게 뭐야?" 하고 질문도 많아집니다. 대답할 수 있는 것은 대답하시고, 대답하기 어려운 것은 다시 아이에게 질문해 주세요. 정확한 답보다 중요한 것은 대화의 상호작용이니까요. "엄마 어릴 적엔 이런 걸 좋아했단다." "그게 뭐예요?" 아이가 먼저 묻지 않는다면 이렇게 꼬리에 꼬리를 무는 대화를 나누어 주세요.

❺ 이야깃거리를 만들어 주세요

그림 그리기, 만들기, 놀이, 책 읽기 모두 아이와 대화하는 좋은 방법입니다. 새로운 문장과 이야기를 만드는 말 놀이도 좋습니다. 아이를 주인공으로 옛날이야기를 해 주거나 장난감으로 상상놀이를 하며 이야기를 나누어 보세요. 아이는 신이 나서 더 많은 이야기를 만들어 낼 것입니다.

4~5세 :

내가 선택하고 싶어요. 제 선택을 격려해 주세요

만 4~5세는 '주도성 대 죄책감'이 형성되는 단계입니다. 성취해야 할 과업은 주도성입니다. 주도성이란 아이가 자신과 주변 세상에 대해 책임감을 갖고 주인이 되어 이끌어 가려는 태도를 말합니다. 새로운 것을 해 보려는 호기심이 무척 많으며 '내 컵', '내 가방', '내 옷', '내 인형', '내 장난감' 등 자신이 책임지는 것에 관심을 갖습니다. 그리고 상대방에게 자신의 의견을 관철시키기 위해 떼를 쓰며 어른들에게 말대꾸를 많이 하게 됩니다.

이 시기의 아이에게는 작은 일이라도 스스로 생각하고 결정하고 끝까지 해내어 성취감을 느끼는 일이 중요해집니다. 당연히 많은 실수를 하겠지만 그 속에서 아이가 잘 해낸 것을 격려해 주고 다음에 좀 더 발전할 수 있게 이끌어 주세요. 아이의 실수나 잘못된 행동에 대해 지나치게 엄격하거나 심한 벌을 주면 아이는 죄의식에 사로잡혀 건강한 자아를 만들기가 어렵습니다.

다음은 주도성을 키워 주는 부모의 대화 방법입니다.

❶ 엄마보다 아이가 더 많이 말하게 해 주세요

"이 일을 왜 해야 할까?" "네가 하고 싶은 걸 하려면 어떻게 하면 좋을까?" "중간에 그만두고 싶을 땐 어떻게 하지?" "네가 잘한 점은 뭐야?" "어려웠던 건 뭐야?" "다음엔 어떻게 하고 싶니?" 이런 질문을 한두 개씩 아이에게 해 주세요. 대답이 엉뚱해도 좋습니다. 주도성의 시기에 아이는 생각도 결정도 스스로 하고 싶어 합니다.

❷ 도움을 요청할 때까지 기다려 주세요

스스로 하려고 하지만 아직 어리니 생각한 대로 실행하기 어려운 때가 많습니다. "도움이 필요하면 언제든 말해"라고 이야기해 주세요. 아이가 엄마 아빠의 도움을 요청할 수 있도록 문을 열어 두기 바랍니다.

❸ 아이의 생각을 지지해 주세요

"지금 생각하고 있구나." "네 생각이 멋지구나." "좋은 생각을 많이 하는구나." "생각할 줄 아는구나." 이런 말로 아이의 생각을 지지해 주세요. 생각은 아이의 마음이 성장하는 데 큰 도움이 됩니다. 생각하는 것에 대한 부모의 지지는 생각하기를 즐기는 아이로 성장하게 합니다.

④ 끝까지 하려는 아이의 행동과 의지를 칭찬해 주세요

이 시기의 아이들은 늘 무언가를 하려고 합니다. "마음먹으면 끝까지 해내는구나." 이러한 부모의 지지는 끝까지 해 보겠다는 용기를 심어 줍니다.

❺ 좋은 마음을 알아주세요

많은 것을 해 보고 싶지만 한편으로는 어려워서 포기하고 싶은 마음도 큽니다. 포기하고 싶은 것도 아이의 마음이고, 이겨 내고 싶은 것도 아이의 마음입니다. "포기하고 싶은 마음을 잘 이겨 냈구나." 좋은 마음을 알아주면 아이는 부모가 알아주는 그 마음 그대로 행동하려고 노력합니다.

❻ 아이의 생각을 존중해 주세요

"네가 말한 대로 하니 참 좋구나." 자신의 생각을 부모가 받아 주고 그대로 해서 성공적이었다는 것은 아이의 마음을 벅차오르게 합니다. 아이는 자신에 대해 존중감을 갖고 더 좋은 생각, 더 바람직한 행동을 하고 싶어 합니다. 우리 아이를 성장시키는 아주 좋은 말입니다.

6세~초등 저학년 :
공부 좋아하는 아이로 자랄 수 있게 도와주세요

만 6세부터 초등학교 저학년 시기는 '근면성 대 열등감'이 형성되는 시기로, 근면성이 발달 과업입니다. 이 시기의 아이들은 성취 동기가 강합니다. 무언가를 배우고 익히기를 좋아합니다. 열심히 공부해서 훌륭한 사람이 되고 싶다는 소망도 갖게 됩니다. 아이가 열심히 하려는 것을 격려하고 칭찬해 주는 것이 중요합니다. 남과 비교하는 일은 아이에게 열등감을 갖게 합니다. 학교 성적으로만 아이의 능력을 판단하지 않기 바랍니다. 공부를 잘하는 아이가 곧 근면한 아이는 아닙니다. 자신이 유용하게 사용할 수 있는 다양한 기술들을 배우고, 좋아하는 것에 대한 지식을 쌓아 가며, 또래 친구들을 비롯한 주변 사람들의 칭찬과 지지를 받는 것이 필요한 시기입니다.

초등학교 저학년은 배우고 익히기를 시작하는 단계입니다. 아이는 학교에 다니면서 자신이 감당해 내야 할 공부와 과제를 부여받습니다. 초등학교에 입학할 때부터 '난 공부를 못하는 아이', '공부를 싫어하는 아이'라 생각하고 시작하는 아이는 없습니다. 누구나 공부를 잘하고 싶고 자신이 잘할 수 있을 거라고 생각합니다. 부모는 아이가 이런 생각을 잘 키우고 발전시키도록 도와주면 됩니다.

다음은 초등학교 저학년 아이의 근면성을 키워 주는 부모의 대화 방법입니다.

❶ 자존감을 키워 주는 대화가 중요해요

자존감이란 스스로에 대한 평가입니다. 무조건 잘한다는 칭찬은 아이를 불편하게 만듭니다. "넌 이런 걸 잘하는구나." "열심히 하는구나." "그건 노력이 좀 필요하겠구나." 이런 말로 자신의 장점도, 부족한 점도 편하게 말할 수 있도록 도와주세요.

❷ 언제 무엇을 하고 싶은지 질문해 주세요

숙제는 언제 할지, 놀이는 언제 할지 아이에게 질문해 주세요. 언제 무엇을 해야 한다고 부모가 정해 주는 건 아이가 성장하는 데 도움이 되지 않습니다. 다만 아이가 지키기 어려운 계획을 세운다면 걱정되는 점을 이야기해 주고 아이가 스스로 자신에게 맞는 계획을 세울 수 있도록 도와주세요.

❸ 규칙과 한계, 옳고 그른 것을 알려주세요

학교생활을 시작한 아이는 자신이 꼭 지켜야 할 규칙이 무엇인지 알아야 합니다. 무엇을 해도 되고, 하면 안 되는지 아는 것은 심리적 안정감을 갖는 데 도움이 됩니다. 그리고 자신의 행동을 관리하고 조절하는 능력도 발달합니다.

④ 학교에서 무슨 질문을 하고 어떤 대화를 나누었는지 물어보세요

아이가 이야기하기를 꺼린다면 엄마가 먼저 아이가 없는 동안 무엇을 하고 누구랑 무슨 대화를 나누었는지 들려주세요. 엄마의 이야기를 들으면 아이도 자신의 이야기를 하고 싶어질 것입니다.

⑤ 책을 많이 읽어 주세요

읽어 주기는 유아기까지만 해야 하는 일이 아닙니다. 이제 막 글을 깨치고 더듬더듬 읽는 아이가 혼자 책을 읽으면 집중도 안 되고 읽어도 무슨 말인지 모르는 경우가 많습니다. 좋은 글과 좋은 말을 많이 듣고 읽는 것은 성장의 바탕이 됩니다.

⑥ 채근하지 말고 아이의 행동을 지지해 주세요

수줍어하는 아이는 하루 종일 학교에서 말도 잘 못 합니다. 그런 아이에게 말을 하라고 재촉하는 것은 괴로운 일입니다. "억지로 말하지 않아도 돼. 꼭 하고 싶은 말이 있을 때 말하면 돼." "말하고 싶을 땐 꼭 말할 수 있는 용기가 필요해. 넌 용기 있는 아이야." 엄마의 이런 말은 아이 행동의 지침이 됩니다. "해야 한다"는 말보다 "네가 느끼는 모든 것은 자연스러운 거란다"라고 말해 주세요.

초등 고학년 :
저도 잘하고 싶어요. 제가 잘할 수 있는 거 맞죠?

"우리 아이가 벌써 사춘기인 것 같아요." 아이가 4~5학년만 되어도 많은 부모님이 이렇게 느끼기 시작합니다. 환경의 변화로 신체적 성장도 예전보다 무척 빨라졌습니다. 여자아이는 4학년만 되어도 가슴이 나오고 초경을 시작합니다. 남자아이는 4~5학년 때 몽정을 시작하고 성적 호기심이 강해져 야한 동영상을 보거나 성에 관한 정보를 나누기도 합니다. 이렇게 급격한 변화를 겪고 있으니 심리적 안정감을 유지하기가 쉽지 않습니다. 단순히 사춘기의 문제 행동이라고 판단하기 전에 아이들이 훨씬 더 당황스럽고 혼란스럽다는 사실을 먼저 알아주면 좋겠습니다. 부모와 자식은 적대적 관계가 아닙니다. 부모는 아이가 혼란한 성장기를 잘 지내고 멋지게 성장하도록 열심히 도와줄 같은 편임을 꼭 기억하기 바랍니다.

이 시기 아이들의 행동에는 두드러진 특징이 나타납니다. 우선 방문을 걸어 잠그고 부모와의 대화를 거부하기 시작합니다. 정확히 말하면, 거부한다고 부모가 느끼기 시작합니다. 사실 아이는 독립된 공간과 시간을 갖고 싶어 하는 것일 뿐입니다. 심리적 독립을 원하는 아이의 인격을 존중해 주고 사생활을 보호해 주어야 합니다.

말대꾸하는 일도 아주 많아집니다. 그럴 때는 화를 내기 전에 아이의 행동이 단순히 반항하기 위한 것인지, 다른 의견을 주장하기 위한 것인지 구분해 보는 것이 좋습니다. 부모의 태도가 강압적이면 아이는 옳은 말도 받아들이지 않습니다. 아이의 태도를 나무라다 보면 원래 하려고 했던 대화는 물 건너갑니다. 아이의 태도에 좀 더 여유 있게 반응할 필요가 있습니다.

또한 친구에게 집착하거나 친구의 말에 크게 영향을 받습니다. 친구 관계에서 자신의 존재감을 확인합니다. 친구를 무시하거나 친구를 골라서 사귀라는 부모의 말은 아이의 마음에 가 닿지 않습니다.

다음은 초등학교 고학년 아이의 근면성을 키워 주는 부모의 대화 방법입니다.

❶ 아이의 의견을 물어봐 주세요

아이는 스스로 다 컸다고 생각해 존중받고 싶어 합니다. 부모가 아이를 존중할수록 아이는 바람직한 자아 정체감을 형성하게 됩니다. "넌 어떻게 생각하니? 네 생각이 궁금해"라고 말해 보세요. 움츠렸던 아이의 마음이 활짝 펴질 것입니다.

❷ 근거 있는 칭찬을 해 주세요

수긍할 수 없는 칭찬을 하면 아이는 부담스러워하며 자신을 조종

하려 한다고 생각합니다. 타당하고 아이 스스로도 칭찬받을 만하다고 생각되는 점을 칭찬해 주세요.

❸ 좋은 생각을 많이 찾아 주세요

문제 행동이 많아졌더라도 아이에게는 여전히 멋지게 자라고 싶다는 생각이 있습니다. 아이의 좋은 생각을 찾아 읽어 주세요. "넌 궁금한 건 꼭 찾아보는 아이구나." "열심히 하고 싶구나." 부모의 한마디에 아이는 자신의 가능성을 다시 한 번 들여다보게 됩니다.

❹ 강점을 찾아 주세요

친구를 잘 도와주는 아이, 엄마를 배려하는 아이, 마음먹으면 끝까지 하는 아이, 마무리를 잘하려는 아이. 이런 강점은 성장하는 데 중요한 밑거름이 됩니다. 부모가 강점을 먼저 찾아 줘야 아이는 자신이 얼마나 좋은 강점을 많이 가졌는지 알게 됩니다.

❺ 불손하게 말대꾸하는 아이에겐 진심을 전하세요

꼬박꼬박 말대꾸하거나 태도가 불손할 때 무작정 야단치면 아이와의 대화가 단절될 뿐입니다. 이렇게 말해 주세요. "네가 그렇게 말하니 엄마는 속상해. 무시당하는 것 같아." "엄마는 네가 좋게 말하면 좋겠어." 한결 부드러워진 아이의 모습을 볼 수 있을 겁니다.

❻ 친구에 관해 물어볼 땐 아이의 마음을 존중해 주세요

아이의 마음을 존중하면서 부모의 바람을 이야기해 주세요. "그 친구는 어떤 점이 마음에 드니?" "그 친구랑 있으면 좋은 점이 뭐니?" "카톡을 안 하면 혹시 마음이 불안하니?" "카톡을 할 때 주의할 점에 대해 너에게 이야기하고 싶어." 아이를 존중하지 않고 이야기하면 그야말로 '쇠 귀에 경 읽기'가 되어 버립니다. 아이의 입장에서 생각하고 아이의 감정을 존중해 주세요.

❼ 공부에 대한 부담을 이해해 주세요

"숙제가 많아 부담스럽겠다." "좋은 성적을 받고 싶은데 어려운 문제가 많았구나." "너에게 잘 맞는 방법을 찾아볼래?" "넌 마음만 먹으면 무엇이든 잘할 수 있는 아이야." 공부는 안타깝게도 부모가 아무리 관심을 가져도 결국은 혼자 해야 하는 일입니다. 공부에 대한 부담스러운 마음을 알아주세요. 그리고 아이의 마음이 편안할 때 좀 더 좋은 공부 방법을 알려주세요. 무엇보다 아이가 마음만 먹으면 무엇이든 할 수 있다는 격려가 필요합니다. 아이의 성격과 특성에 맞는 학습 방법을 함께 연구해 가면 좋겠습니다. 🍵

스몰 토크가 중요해요

스몰 토크란?

'스몰 토크(Small Talk)'란 가벼운 주제로 친근하게 나누는 대화입니다. 부담 없는 친구와의 수다나 처음 본 사람과 나누는 간단한 대화를 말합니다. 소소한 스몰 토크가 쌓이면서 친한 친구가 되고, 믿을 수 있는 사람이 되고, 내 인생의 중요한 사람이 됩니다. 스몰 토크를 잘하면 감정을 잘 조절하며 예의를 갖춘 우아한 대화를 나눌 수 있습니다.

우리 아이와의 스몰 토크, 어떻게 해야 할까요?

아이와 나눌 수 있는 이야기 주제로는 무엇이 있을까요? 기왕이면 아이의 생각과 존재를 인정해 줄 수 있는 주제가 좋겠습니다. 우선 엄마 아빠가 결정하는 사소한 문제들에 대해 아이와 생각을 나누어 보세요. 책, 옷, 음식, 친구, 속담 등 어떤 주제라도 좋습니다. 주제가 다양할수록 아이는 부모와의 대화를 더욱 즐기게 됩니다.

"넌 어떤 게 더 좋아?"

"가족 여행은 어디로 가면 좋을까?"

"넌 어떤 곳에서 살고 싶어?"

"네가 좋아하는 계란찜에 뭘 넣을까?"

"김치는 어떤 그릇에 담는 게 가장 먹음직스러울까?"

"이 책은 몇 사람의 손을 거쳐서 만들어졌을까?"

 아이에게 스몰 토크를 가르쳐 주세요

친구를 사귀기 어려워하는 아이들은 "안녕?" 하고 말한 후 뭐라 해야 할지 몰라 당황스러워합니다. 바로 이런 아이에게 스몰 토크가 필요합니다. 스몰 토크를 할 줄 아는 아이는 인기 있고 친구가 많습니다.

"안녕? 오늘 기분 좋아 보인다. 뭐 좋은 일 있어?"

"넌 어떤 색깔 좋아해? 난 파란색을 보면 시원해서 좋아."

"난 노래를 잘 못 불러서 음악 시간이 싫어. 넌?"

"화장실에 같이 갈래?"

"나랑 같이 놀래?"

"너 이거 어디서 샀니? 나도 이런 거 좋아해."

"넌 어떤 반찬 좋아하니?"

"오늘 급식 어땠어? 난 국물이 좀 짰어."

"넌 발표를 잘하는 것 같아. 비결이 뭐야?"

부모를 위한
1분 토크
6

아이에게 아무 말도
안 하고 싶을 때도 있어요

말하고 싶지 않을 땐

　엄마 아빠는 힘든 일이 많습니다. 대화법을 배웠지만 말하고 싶지 않을 때도 있습니다. 그럴 땐 말하지 않아도 됩니다. 다만 아이에게 지금은 말하고 싶지 않다고만 말해 주세요. 대신 한 시간 후 혹은 시곗바늘이 어떤 숫자를 가리킬 때 다시 이야기하겠다고만 알려주세요. 말하고 싶지 않을 땐 아이의 마음을 읽어 주지 않아도 됩니다. 구체적으로 왜 말하고 싶지 않은지 말하지 않아도 됩니다. 다만 언제 다시 말하겠다는 말만 해 주면 됩니다. 그리고 충분한 침묵의 시간을 갖기 바랍니다.

말하지 않는 것보다 나쁜 건 아이를 불안하게 하는 것

　"나가 있어. 왜 이렇게 귀찮게 하니?"

　"좀 조용히 해. 말 걸지 마."

영문도 모르는 아이에게 이렇게 말한다면 아이는 불안하고 두려워집니다. 말하지 않는 것이 문제가 아니라 그 이유를 모르기 때문에 혼란스러운 것입니다. 심리적 불안과 혼란은 아이 영혼의 파괴자입니다. 언제까지 기다려야 하는지만 알면 아이들은 그 시간까지 충분히 기다릴 수 있습니다. 무슨 일인지 몰라 조금은 불안하고 걱정되겠지만 아이는 기다려야 한다는 것을 충분히 이해합니다.

 침묵 후엔 아이와 특별한 데이트를

잘 기다려 준 아이를 위해 특별한 만남을 준비해 보세요. 친구나 연인과는 미리 만남의 시간과 장소를 정합니다. 그리고 무슨 대화를 나눌지도 미리 생각해 봅니다. 아이와도 그런 약속을 정해 보세요. 침묵의 시간으로 에너지가 회복되었다면 이제 아이와의 만남을 준비해 보세요. 아이와 오늘 저녁 9시에 식탁에서 만나기로 했습니다. 이제 아이와의 데이트를 위해 식탁에 촛불을 켜고 맛있는 음료수를 준비하세요. 환경이 조금만 달라져도 아이는 마음을 활짝 엽니다. 기다리는 동안 걱정되고 불안했던 마음을 싹 씻어 버릴 수 있습니다. 그동안 쌓아 두고 말하지 못했던 것까지 쏟아 내기도 합니다. 침묵 후 아이와의 특별한 데이트, 꼭 한번 해 보기 바랍니다.

Part 04_

마음이 아픈 아이,
부모의 치유 대화가 필요해요

치유의 대화는
성장을 위한 대화와 다릅니다

심리치료사는 무엇으로 치료할까요? 바로 대화입니다. 좋은 대화로 마음의 상처를 위로하고 힘을 얻을 수 있도록 도와줍니다. 어른들과 달리 아이들은 쉽게 마음의 문을 열지 못합니다. 그래서 어린이를 위한 심리치료에는 항상 매개물이 있습니다. 놀이 치료, 미술 치료, 독서 치료, 음악 치료……. 그런데 집에서 하는 놀이는 그냥 놀이이지 치료가 되지 못합니다. 학원에서 배우는 미술과 음악은 즐겁긴 하지만 치료 기능은 없습니다. 책을 아무리 많이 읽어도 치료가 되었다고 말하기는 어렵습니다. 놀이 치료, 미술 치료, 독서 치료 등이 치료가 되기 위해서는 치료사의 치료적 대화가 꼭 필요합니다. 치료사의 말을 부모가 해 준다면 아이들은 훨씬 더 쉽게 위로받고 치유될 수 있습니다.

🍀 아이 마음이 흡족할 때까지 지지해 주세요

개인 심리치료에서 가장 특별한 경험은 자신에 대한 긍정적인 지지를 경험하는 것입니다. 치료실을 찾아온 아이가 희망을 갖기 시작하는 지점은 바로 치료자가 자신을 끊임없이 지지해 줄 때입니다. 자신이 무심코 한 행동에서 치료자가 의미를 찾고 자신의 좋은 점, 자신은 미처 알지 못했던 점을 찾아 말해 줄 때입니다.

집단독서치료를 받는 아이가 있었습니다. 책을 읽어 주어도 제대로 집중할 줄 모르는 아이였습니다. 그런데도 빠지지 않고 꼬박꼬박 치료 시간에 참여했습니다. 부모님께 물어보니 아이가 참 재미있었다며 계속 참가하겠다고 말했다고 합니다. 책을 읽어도 제대로 듣지 않고 다른 활동이나 대화에는 잘 참여하지 않는 아이가 왜 계속 참여했을까요? 치료자가 아이의 작은 특징에 민감하게 반응하고 지지해 주었기 때문입니다. 잠깐이라도 책을 쳐다보면 "넌 재미있는 장면은 꼭 보고 싶어 하는구나"라고 말해 줍니다. 딴짓을 하면서도 조용히 하려고 조심할 땐 "넌 다른 친구들에게 방해되지 않게 배려를 잘하는구나"라고 말해 줍니다. 일반적으로 보면 문제 행동일 뿐인데 다른 의미를 찾아 지지해 주니 아이의 마음이 밝아지는 겁니다.

- 조심스레 문을 열고 들어오는 아이에게, "넌 예의가 바른 아이구나."
- 궁금한 게 있어 책을 찾아보는 아이에게, "넌 궁금한 건 꼭 찾아서 알아보는구나."
- 동생과 싸운 게 마음에 걸려 고백하는 아이에게, "넌 솔직하게 말하는 용기를 가졌구나."
- 게임에 질 것 같아 속상해하는 아이에게, "포기하고 싶은 마음을 잘 참는구나."
- 약속 시간을 지키려고 뛰어온 아이에게, "넌 시간 약속을 중요하게 생각하는구나."
- 친구가 의자에 앉도록 옆으로 비켜 주는 아이에게, "넌 배려를 참 잘하는구나."

아이를 지지해 주는 특별한 말을 찾아보세요. 물질적 선물은 받자마자 만족감을 주지만 부작용이 큽니다. 심리적 지지는 부모가 아이에게 주는 최상의 선물입니다. 시간이 가면 없어지는 선물이 아니라 평생 간직하는 생명력 있는 선물입니다. 치유 대화를 원한다면 먼저 아이를 지지해 주세요. 아이의 약점은 뒤집으면 강점이 됩니다. 소심한 아이는 세심하다는 강점을 가지고 있습니다. 산만한 아이는 활동적이고 호기심이 많다는 강점이, 조용한 아이는 깊이 생각한다는 강점이, 과격한 아이는 에너지가 넘친다는 강점이 있습니다. 자신의 부정적인 특징으로 상처가 생긴 아이는 부모의 지지하기로 치유가 시작됩니다. 다음 표의 빈칸에 아이의 약점을 적어 보세요. 그 약점의 다른 모습인 강점도 한번 적어 보세요.

	약점		강점
예	소심하다.	➡	세심하다.
	산만하다.		활동적이고 호기심이 많다.
	조용하고 내성적이다.		깊이 생각한다.
	공격적이고 과격하다.		에너지가 넘친다.
우리 아이		➡	

아이가 보는 창으로 세상을 보세요

아이는 어떤 창으로 세상을 보고 있나요? 공감이란 단순히 아이의 마음을 짐작해서 말하는 것이 아닙니다. 아이가 보는 눈으로 함께 보는 것입니다. 아이가 어떤 것을 불편해하는지, 무엇을 마음에 걸려 하는지, 어떤 상황에서 두려움을 느끼는지 아이의 눈으로 세상을 보지 않으면 전혀 짐작하지 못할 수도 있습니다.

전학을 간 아이가 새 학교에 등교합니다. 낯선 교실에 첫발을 들여놓았을 때 아이는 어떤 느낌일까요? 어디에 가서 서 있어야 할지, 어디에 눈을 두어야 할지 당황스럽기만 합니다. 누군가가 내 이름을 불러 주고 어디로 가서 앉으라고 말해 주기 전까지 아이는 계속 혼란 속에서 온몸이 긴장되어 있을 것입니다. 그런 마음을 알아주어야 합니다. 그렇지 않고 "새로운 친구 만나서 좋겠네"라고 말하는 건 전혀 공감되지 않는 말입니다.

아빠한테 맞은 경험이 있는 아이는 폭력에 대한 두려움이라는 창으로 세상을 볼 것입니다. 사랑하는 사람을 잃어버린 상처가 있는 아이는 상실의 고통으로 다른 사람을 대할 것입니다. 엄마의 잦은 거절과 무관심으로 외로운 아이는 버림받는 것에 대한 두려움으로 사람을 만나겠지요.

아이의 책상에 앉아 보세요. 아이가 걷는 길을 걸어 보세요. 아이 키만큼의 높이로, 아이의 눈으로, 아이의 손으로 세상을 만나 보세요. 아이의 창으로 보는 세상은 어떤 세상인가요?

부모의 실수를 인정하세요

대상관계 심리학자 도널드 위니콧은 훌륭한 어머니와 그렇지 않은 어머니의 차이를 이렇게 말했습니다.

"실수를 범하는 데 있는 것이 아니라 그 실수를 어떻게 처리하는가에 있다."

집단치료 시간에 한 아이가 글을 썼습니다. 그 아이는 자신의 글을 남에게 절대 보여 주고 싶어 하지 않았습니다. 그런데 제 실수로 다음 주에 다른 아이가 그 글을 읽게 되었습니다. 제가 다시 읽어 보려고 꺼내 둔 것을 먼저 온 친구가 본 것입니다. 아이는 크게 화를 냈고 그 친구를 원망했습니다. 아이를 진정시키고 말했습니다.

"이건 그 친구의 잘못이 아니라 선생님의 잘못이야. 네가 쓴 글을 다시 읽고 생각해 보려고 꺼냈는데 실수로 넣지 않고 그냥 둬서 생긴 일이야. 그 친구는 네가 쓴 글을 궁금해했을 뿐이야."

"제가 보면 안 된다고 친구들에게도 말했잖아요."

아이는 따져 묻습니다. 아마 저를 원망하기 싫었던 모양입니다.

"그래서 친구가 원망스럽구나."

저는 솔직하게 말하기로 했습니다.

"사실 넌 보여 주면 안 된다고 말했지만 난 다른 친구들이 너의 진심을 알기 바랐어. 그래서 무심코 네 글을 다른 아이가 보기 쉬운 곳에 놓아둔 것 같아. 네가 이렇게까지 싫어할 줄 알았으면 그렇게 하지 않았을 거야. 네 말을 진지하게 생각하지 않아서 정말 미안해."

아이는 그제야 친구에 대한 화를 가라앉혔습니다. 그리고 저도 더 이상 원망하지 않았습니다. 제가 실수를 인정하고 마음을 연 것이 아이에게는 좋은 설명이 된 것 같습니다.

초등학교 2학년 시연이에게는 언제부턴가 모든 것을 남의 탓으로 돌리는 습관이 생겼습니다. 동생 옆을 지나가다 우유를 엎지르면 "네가 거기 앉아 있어서 쏟았잖아", 학교에 늦으면 "엄마가 늦게 깨워서 그렇잖아", 친구랑 다투고 온 날도 무조건 "몰라, 엄마 때문이야"라며 짜증을 냈습니다. 엄마는 아이에게 논리적으로 따져서 그렇게 남의 탓을 하면 안 된다고 설명했습니다. 자신의 잘못을 인정하고 다음부턴 실수하지 말라고 타일렀습니다. 하지만 아이의 버릇은 고쳐지지 않았습니다. 시연이 엄마는 시연이의 문제점에 대해서만 말했습니다. 그 속상하고 답답한 마음은 충분히 공감이 갑니다. 저는 시연이 엄마에게 질문했습니다.

"그런데 아이가 왜 그렇게 남의 탓을 하게 되었을까요?"

아이들의 행동은 아무 이유 없이 그저 생기지 않습니다. 분명 누군가를 통해 배우거나 경험한 것입니다. 직접적이든 간접적이든 보고 배우게 된 행동을 자신의 것으로 만든 것입니다.

자신의 실수를 인정하는 성숙하고 여유로운 아이가 되기를 바란다면 먼저 엄마 아빠의 실수를 인정하세요. 실수를 인정하는 것은 부모의 권위를 망가뜨리는 일이 절대 아닙니다. "맨날 나만 잘못했다고 해!" 하고 아이가 외친다면 아이는 이미 실수를 인정하지 않는 부모에 대한 원망감으로 가득 차 있을 것입니다. 부모도 실수투성이의 사람일 뿐입니다.

"엄마도 노력은 하는데 잘 안 고쳐지네. 습관이 돼서 그런가 봐. 넌 이런 습관이 안 생겼으면 좋겠구나."

이렇게 자신의 실수와 단점을 인정하는 부모가 오히려 아이의 마음에 더 가까이 다가갈 수 있습니다. 진솔한 부모의 모습에서 오히려 더 큰 부모를 느낄 수 있습니다. 실수를 인정하는 부모는 아이에게 가장 좋은 모델이 됩니다.

지금, 여기에 충실하세요

부모는 지나간 사건에 대해 아이에게 충고하거나 아직 일어나지 않은 일을 대비하기 위해 설명을 합니다. 그런데 지나간 '그때 거기(there & then)'에서 있었던 일과 미래의 '그때 거기'에서 발생할 일에 대한 대화는 별 효과가 없습니다. 그보다는 '지금 여기(here & now)'

에서 부모가 아이에게 느끼는 감정을 솔직하게 말하는 것이 더 중요합니다. 상담치료에서 늘 강조되는 '지금 여기'란 바로 지금 여기에서 일어나고 있는 것에 대한 이야기를 나누는 것을 말합니다. 진정한 '지금 여기'란 아이랑 내가 마주 앉아 있는 이곳, 바로 이 순간을 말합니다. 부모와 아이가 만들고 있는 이 순간, 이 공간은 사회의 축소판입니다. 지금 여기에서 즐겁고 행복하게 상호작용할 줄 아는 아이는 어떤 공간, 어떤 시간에서도 잘 지낼 수 있습니다. 치유가 필요한 아이라면 더더욱 그렇습니다. '그때 그 사건'을 다루지 말고 '지금 여기'에서 아이와 행복하게 지내면 좋겠습니다.

친구랑 사이좋게 지내기를 바란다면 지금 여기에서 아이와 즐겁게 지내세요. 오늘 엄마 아빠와 행복했던 아이는 내일이면 싸웠던 친구와 쉽게 화해할 수 있습니다. 학교에서 발표를 잘하기 바란다면 지금 여기에서 아이의 말을 귀 기울여 들어주세요. 엄마 아빠가 아이의 말을 잘 들어주고 칭찬해 준다면 아이는 학교에 가서도 말하고 싶을 것입니다. 남을 잘 도와주기를 바란다면 지금 여기에서 엄마를 도와달라고 부탁하세요. 친구들과 함께 있을 때 먼저 "내가 도와줄까?"라고 말할 겁니다.

매력적인 입술을 갖고 싶으면, 친절한 말을 하라.
사랑스러운 눈을 갖고 싶으면, 사람들에게서 좋은 점을 보아라.

날씬한 몸매를 원한다면, 너의 음식을 배고픈 사람과 나누어라.

균형잡힌 자세를 유지하려면,

네가 결코 혼자 걷고 있지 않음을 명심하며 걸어라.

부드러운 머리카락을 갖고 싶으면,

하루에 한 번 아이가 너의 머리카락을 쓰다듬게 하라.

샘 레벤슨의 '오랜 세월 아름다움의 비결(Time tested beauty tips)'이라는 시의 일부입니다. 이 시는 영화배우 오드리 햅번이 숨을 거두기 1년 전 크리스마스이브 때 아들에게 들려주었다고 해서 더 유명해졌습니다. 친절한 말을 건네고, 다른 사람들의 좋은 점을 보고, 배고픈 사람과 음식을 나누고, 어린아이가 손가락으로 나의 머리를 쓰다듬게 하는 것 모두 지금 여기에서 우리가 할 수 있는 행동입니다. 이런 행동들이 있어야 우리가 바라는 아름다운 삶을 가꾸어 나갈 수 있을 것입니다.

나래는 친구 때문에 속상합니다. 학교에 다녀와서 엄마에게 말하지만 울먹이는 통에 무슨 말인지 잘 알아듣기가 힘듭니다. 아마 친구들 앞에서도 이렇게 자주 울거나 제대로 말하지 못해 친구 관계에서 어려움을 겪는 것 같습니다. 엄마가 나래와 치유 대화를 시작합니다. 학교에서 있었던 사건에 대해 파고드는 것이 아니라 나래의 지금 마음에 대해 이야기를 나누는 것입니다.

	치유 대화의 과정	치유 대화의 실제
1	감정 읽어 주기	많이 속상했구나. 많이 화가 났구나.
2	좋은 생각을 읽어 주기	엄마가 네 마음을 알아주기를 바라는구나. 친구와 잘 지내기를 바라는구나.
3	아이의 강점 지지하기	속상한 마음을 엄마한테 말해 줘서 정말 고마워. 솔직하게 네 마음을 잘 표현해 줘서 고마워.
4	지금 여기에서 느끼는 것 말하기	이제 마음 가라앉히고 천천히 말해 줄래? 엄마가 잘 알아들을 수 있도록 말이야. 울먹이며 말해서 네가 무슨 말을 했는지 못 알아들었거든.
5	다르게 표현하도록 도와주기	그렇구나. 혹시 또 그런 일이 생기면 지금 엄마한테 말한 것처럼 친구에게 다시 말할 수 있겠니?

우는 아이를 위한 치유의 대화

인간의 첫 번째 언어는 울음입니다. 그다음에 웃음을 배웁니다. 그다음이 말입니다. 우리는 여전히 우리의 첫 번째 언어인 울음과 눈물로 우리의 마음을 표현합니다. 살아가는 내내 눈물은 속마음을 전달해 주는 중요한 수단이 되겠지요.

미국 스탠퍼드 의과대학의 정신의학과 명예교수이며 심리치료 분야의 세계적인 권위자 어빈 얄롬은 말합니다.

"우는 것은 감정의 깊은 방에 들어가는 것을 의미하기 때문에 치료자의 과제는 환자에게 예의를 차리거나 울음을 그치도록 하는 것이 아니다."

그는 내담자가 더 깊게 몰입할 수 있도록 격려하고 그들의 생각을 나누도록 권하라고 합니다.

"그 공간에서 떠나려고 하지 마세요. 그대로 머무세요. 내게 계속 말해 보세요."

"당신의 느낌을 말로 표현해 보세요."

"만일 당신의 눈물이 목소리를 가졌다면, 그것이 말하고자 하는 것은 뭔가요?"

치료자는 감정 표현을 격려하는 동시에 표현된 감정에 대해 숙고해야 합니다. 특히 지금 여기와 관련 지어 치료자 앞에서 우는 느낌이 어떤지 살펴보는 것이 중요합니다.

흔히 아이가 속상해서 울 때 엄마는 우는 아이를 달래기에 급급합니다.

"이제 그만. 울지 마. 착하지? 그만 울어."

아이의 마음이 치유되길 바란다면 이제 조금 다르게 말해 보세요.

"지금 울면서 떠오르는 말을 엄마한테 다 해 주겠니? 엄만 네 마음을 다 듣고 싶어."

"네가 무슨 말을 해도 좋으니 계속 말해 주겠니?"

"엄마 앞에서 우니까 어때? 더 슬퍼? 좀 시원해? 아직 답답하니?

엄마가 뭐라고 할까 봐 걱정되니?"

아이들은 자기 마음을 조금이라도 알아주는 사람 앞에선 눈물이 잘 납니다. 모처럼 활짝 열린 문으로 마음의 찌꺼기가 충분히 흘러나올 수 있도록 아이의 눈물에 함께 머물러 보세요. 엄마 아빠가 실컷 우는 아이의 마음을 다 받아 준다면 곧 마음의 짐을 털어 버린 아이의 개운한 얼굴을 만날 수 있을 것입니다.

거짓말하는 아이를 위한 치유의 대화

아이는 거짓말을 합니다. 엄마 아빠가 마음먹고 진정한 대화를 나누려고 접근할 때조차도 거짓말을 하는 아이가 있습니다. 중요한 건 그것이 잘못된 것이지만 고치려는 태도는 잠시 미루어 두는 것입니다. 아이가 거짓말하는 이유는 어쩔 수 없거나 그렇게 해야만 한다고 생각하기 때문입니다. 그렇게 생각할 수밖에 없는 이유를 알면 아이를 더 잘 도와줄 수 있겠지요.

아이는 감정적으로 불편할 때 거짓말을 합니다. 무섭거나 불안할 때 거짓말을 합니다. 아이의 마음은 아주 여려서 작은 걱정에도 거짓말을 합니다. 무섭고 두렵고 공포심이 생길 때는 더 그렇습니다. 물론 아이는 자신의 잘못을 잘 알고 있습니다. 그러니 "거짓말하지 말

랬지?" 하고 호통치는 것은 도움이 되지 않습니다. 그렇잖아도 불안했는데 이제 거짓말이 탄로 날까 봐 더 불안해집니다. 감정의 홍수에 빠져 정신을 못 차리게 됩니다.

습관적으로 거짓말을 하는 경우도 있습니다. 양치기 소년 이야기가 바로 그 경우입니다. "엄마 없다고 해라" 같은 어른들의 사소한 거짓말을 자주 경험한 아이는 자연스레 '거짓말을 해도 되나 보다' 하고 배우게 됩니다.

중요한 사람들에게 잘 보이기 위해 거짓말을 하는 경우도 있습니다. 자신의 부족하고 초라한 모습을 들키기 싫어서, 자신에게 실망할까 봐 정보를 숨기거나 거짓말을 하게 됩니다.

만일 아이가 거짓말을 한다면 이젠 치료적으로 유익한 이야기를 나누기 바랍니다. 이렇게 말해 주면 됩니다.

"엄마가 실망할까 봐 그렇게 말했구나."

"무서워서 그랬구나."

"어쩔 줄 몰라서 그렇게 말할 수밖에 없었구나."

자신의 진짜 마음을 알아주는 사람에게는 더 이상 어떤 거짓말도 하고 싶지 않을 것입니다.

마음을 알아주면 고통은
전혀 다른 모습, 다른 의미가 됩니다

지혜는 또래에 비해 몸무게가 많이 나가는 편입니다. 유치원 때부터 친구들이 뚱뚱하다고 놀렸고 초등학교 5학년이 된 지금도 그렇습니다. 누군가 조금만 자기에게 싫은 소리를 할라치면 신경이 날카로워져서 짜증을 냅니다. 심하면 욕도 하고 동생을 때리기도 합니다. 그런 행동을 보고 엄마가 혼을 내면 아이는 더 큰 소리를 지르며 문을 쾅 닫고 방으로 들어가 버립니다. 이제 키도 덩치도 엄마보다 더 커진 아이를 어떻게 해야 할지 모르겠습니다. 달래도 고쳐지지 않고 힘으로도 아이를 혼낼 수 없습니다.

지혜는 열두 살입니다. 그런데 지혜가 성질을 부리고 화를 낼 때 혹은 별것 아닌 일로 울며 엄마에게 대들 때는 몇 살로 느껴지나요? 열두 살 아이로 느껴지나요, 아니면 일곱 살 아이가 말도 안 되는 이유로 떼쓰고 투정 부리는 것으로 느껴지나요? 왜 지혜는 마음이 불편해지면 일곱 살 아이의 행동을 보일까요?

우리 아이, 몇 살일까요? 내면의 상처 받은 아이

'내면 아이'는 가족치료사이며 내면 아이 치료 전문가인 존 브래드쇼가 칼 융의 이론을 바탕으로 설명한 개념입니다. 칼 융은 타고난 그대로의 자연스러운 아이를 가리켜 '놀라운 아이'라고 불렀습니다. 그아이는 탐험에 대한 타고난 잠재력과 경이로움, 순진하고 자발적이고 창의적인 존재가 될 수 있는 모든 요소를 갖고 있다고 합니다. 각각의 발달 단계에서 성장과 발전을 위해서 필요한 욕구가 충족되지 않고 무시당하거나 거절당했을 때 사람들은 '놀라운 아이' 대신 상처 받은 '내면 아이'를 품은 채 성인으로 자라나게 되지요. 상처 받은 내면 아이는 충족되지 못한 욕구나 미처 해결되지 않은 감정을 그대로 안고 가며 자기 가치 체계의 핵심에 자리 잡게 됩니다.

상처 받은 아이는 이렇게 말하고 있습니다.

"내 마음속 아이가 화를 내면 지금의 나는 아무것도 할 수가 없어요. 그 아이의 화에 파묻혀 정신을 못 차리게 된다고요. 그 아이가 편안해져야 나도 편안해진답니다."

존 브래드쇼는 《상처 받은 내면 아이 치유》라는 책에 다음과 같이 썼습니다.

"아이가 자라면서 적절한 때에 적절한 순서로 욕구가 충족되지 않고 상처를 받으면 아이는 외적으로는 성장하지만 내면의 아이는 그때의 상태 그대로 고착된다. 아이는 내면 아이가 상처 받고 슬퍼하고 있는 동안에도 다음 단계의 과제를 수행하기 위해 움직여야 한다. 발달 단계에서의 이러한 상처와 욕구 좌절은 내면 아이의 모습으로 그대로 남아 훗날 오래도록 영향을 미치고 치명적이고 중요한 결과들을 가져온다."

다시 지혜의 이야기로 돌아가 볼까요? 열두 살 지혜는 어릴 적부터 마음속 상처가 많았습니다. 유치원에서 친구들이 뚱뚱하다고 놀리는 것도 상처가 되었지만 무엇보다 엄마 아빠가 종종 자신을 놀리고 창피하게 생각한다는 느낌을 지울 수 없었습니다. 지혜의 마음속에는 몇 살짜리 아이가 살고 있을까요? 아마 지혜가 울거나 화낼 때 느껴지는 그 나이가 바로 지혜의 내면 아이의 나이일 것입니다. 그렇다면 속상해하는 지혜를 달랠 때 열두 살 아이로 대해야 할까요, 아니면 일곱 살짜리로 보고 달래고 위로해 주어야 할까요?

다시 '내면 아이'의 부모가 되어 주세요

오제은 교수는 《자기 사랑 노트》라는 책에서 이렇게 말했습니다.

"상담사는 어머니가 한없는 자비와 사랑, 연민의 마음으로 우는 아기를 달래고 병든 아기를 보살피듯 그 상처와 분노를 감싸 주고 달래 주는 사람이기도 하다."

다시 부모 되어 주기(reparenting)는 내담자가 부모에게서 충족되지 못한 욕구를 치료자가 제한된 장면에서 채워 줌으로써 부모 자녀 관계에서 형성된 스키마(schema, 도식)가 변화되도록 도와주는 치료 기법입니다. 상담에서 아이들이 가장 듣고 싶은 말 중 하나는 "너를 위해 내가 여기 있다"는 말입니다. 온전히 자신만을 위해 치료자가 이 자리에 앉아 있다는 사실이 아이에겐 힘이 되고 위로가 됩니다. 또 중요한 것은 그 아이에게 '고통이 있음'을 알아주는 일입니다. 고통은 누군가가 그것을 알아주기만 하면 전혀 다른 모습, 다른 의미가 됩니다. 고통 속에서 괴로워하는 아이가 가장 듣고 싶어 하는 말은 "나는 네 마음을 잘 알고 있어. 네 고통을 덜어 줄 수 있는 일이라면 무슨 일이든 할 거야. 너는 정말 소중한 아이야"라는 말입니다.

좋은 부모란 따사로운 사랑, 포근함, 든든함, 그리고 언제나 내 편이라는 믿음을 심어 주는 사람입니다. 다시 부모가 되어 준다는 말은 상처 받은 내면 아이에게 그런 부모가 되어 준다는 것입니다. 아이가 울면 잘못을 따지기 전에 먼저 달래고 위로해 주는 부모, 아이가 실수하면 혼내기 전에 다치지는 않았는지, 놀라지는 않았는지 아이를 먼저 보살펴 주는 부모, 무슨 말을 해도 무슨 장난을 쳐도 사랑으로 받아 주는 부모, 혹여 잘못을 저지르면 따끔하게 혼을 내지만 그래도 속상한 내 마음을 가장 잘 알아주는 부모, 그런 부모가 되어 주는 것입니다.

치유의 핵심은 상처 받은 내면 아이의 마음을 알아주고 부둥켜안아 주는 것입니다. 과거의 좌절된 욕구를 다시 충족시키고 엄마 아빠와의 안정적인 관계를 회복하는 과정입니다. 그런데 왜 치료자보다 부모가 하는 것이 더 바람직할까요? 치료자가 아무리 "속상하구나", "힘들었구나", "넌 멋진 아이구나", "넌 잘하고 싶구나"라는 말을 들려주어도 아이의 마음 한편에는 간절한 바람이 있습니다. 그 바람은 아무리 훌륭하고 능력 있는 치료자도 채워 줄 수 없습니다. 바로 자신의 엄마로부터 듣고 싶은 말이기 때문입니다. 아빠가 자신에게 해주기 바라는 말이기 때문입니다. 아이의 마음속에 상처 받은 어린아이가 자리 잡고 있다면 그 아이에게 다시 좋은 부모가 되어 주세요.

열두 살 지혜에게는 지금 일곱 살 지혜로 대해 주는 부모가 필요합니다. 아이의 얼굴을 쓰다듬고 아이의 눈을 따뜻하게 바라보며 사랑하는 마음을 전해 준다면 상처 받아 움츠리고 있던 일곱 살 지혜는 이제야 기지개를 켜고 일어나 성장하기 시작할 것입니다. 엄마 아빠의 따뜻한 사랑이 내면 아이를 키웁니다. 잘 성장한다는 것은 '내가 나를 잘 돌보는 것'이지요. 아이가 잘 자라 스스로 자신을 잘 돌보게 될 때까지 아이를 잘 돌보아 주어야 합니다.

상처 받은 아이의 마음속에 열쇠가 있어요

상처 받은 아이가 가장 힘들어하는 것은 아주 많이 불편한 감정입니다. 상처 받은 아이는 늘 불편합니다. 무엇이 불편한지도 모른 채 그냥 그 상태에 빠져 있습니다. 사실 불편한 감정이 나쁘기만 한 것은 아닙니다. 아이의 불편한 감정은 치유의 열쇠가 됩니다. 무엇이 불편한지, 왜 불편한지, 그래서 어떻게 바뀌면 좋을지 알 수 있는 중요한 열쇠가 됩니다.

감정은 좋거나 나쁜 것이 아닙니다. 그 자체로는 윤리성이 없습니다. 긍정적 감정, 부정적 감정이라 말하는 것은 정확하지 않은 표현입니다. 긍정적이면 좋은 것이고 부정적이면 나쁜 것으로 느껴지니까요. 내가 느끼는 감정이 내 마음을 편하고 기분 좋게 하거나, 아니면 내 마음을 불편하게 만드는 것일 뿐이지요. 편안한 감정을 좀 더 자주 느끼면 행복감이 커집니다. 반면 불편한 감정을 자주 느끼면 힘들고 지치게 되겠지요. 중요한 건 어떤 쪽의 감정이든 건강하게 잘 활용하는 것입니다. 아무리 기분 좋은 감정이라고 해도 그 감정을 제대로 다루지 못하면 건강하지 못한 감정이 될 수 있으니까요.

불편한 감정을 건강한 감정으로

놀이공원에 가 보면 가족끼리 모두들 즐겁게 노는 가운데 징징거리고 짜증을 내는 아이가 있습니다. 아이는 너무 신나서 혼자 여기저기 뛰어다녔습니다. 엄마 아빠가 아이의 이름을 소리쳐 불러도 멈추지 않았지요. 아무리 신이 나도 흥분된 감정을 어느 정도 진정시키고 엄마 아빠와 함께 움직였어야 하는데 아이는 혼자서 요리조리 구경하며 뛰어다니다가 결국 아빠에게 혼이 나고 만 것입니다. 기분 좋은 감정을 제대로 다루지 못했기 때문입니다. 너무 기분이 좋아 흥분한 나머지 자신이 해야 할 것과 하지 말아야 할 것의 경계가 무너진 것입니다.

부모의 사랑도 마찬가지입니다. 아이를 사랑하는 감정을 조절하지 못해서 지나친 사랑을 준다면 아이는 그 사랑 때문에 숨이 막힐 것입니다. 그런 부모의 사랑은 아이를 힘들게 하고 아이의 성장을 방해합니다. 건강하지 못한 감정입니다.

불편하고 유쾌하지 못한 감정은 제대로 조절하기가 더 어렵습니다. 하지만 불편한 감정은 어떻게 활용하는가에 따라 아주 건강한 감정이 되기도 합니다.

초등학교 3학년 선우 엄마는 아이가 학교에 간 뒤 책상을 정리하다 숙제한 공책을 두고 간 걸 알게 되었습니다. 순간 화가 치밀었지만 잠시 마음을 가다듬고 왜 아이가 공책을 잊어버리고 갔을지 생각해 보았습니다. 책상을 살펴보니 공책과 책이 여러 권 흩어져 있었습니다. 어느 것이 공부할 책인지, 정리해 두어야 할 책인지 잘 구분이 가지 않습니다. 선우 엄마는 책상 위 책꽂이를 정리해서 한 칸을 비웠습니다. 그 공간이 좀 더 표시가 잘 나면 좋겠다는 생각에 옆면을 포장지로 예쁘게 붙이고 크게 '숙제'라는 이름표도 달아 주었습니다. 이제 마음이 개운해지고 아이가 어쩌고 있을지 걱정됩니다. 처음엔 선생님한테 따끔하게 혼이 나면 좋겠다는 생각을 했는데 아이가 얼마나 당황하고 있을까 걱정돼 학교로 가져다줍니다. 쉬는 시간에 엄마를 발견한 아이가 환하게 웃으며 달려옵니다.

"엄마, 고맙습니다."

오늘 선우 엄마의 화는 아이가 습관적으로 실수하는 문제를 개선

하는 데 큰 역할을 했습니다. 불편한 감정이 건강하게 작용해 아이의 환경도 개선하고 아이와의 관계도 더 좋아졌습니다.

아이에게 불편한 감정을 활용하는 법을 알려주세요

초등학교 4학년 승수는 친구 연재가 놀려서 화가 났습니다. 그래서 승수도 다른 친구에게 연재의 흉을 보고 다녔습니다. 결국 두 친구는 서로 흉을 보고 놀리며 보기만 하면 으르렁거리게 되었습니다. 작은 일에도 감정이 상해 맞붙어 싸우는 일까지 생겼습니다. 담임선생님은 달래기도 하고 야단치기도 하며 서로 화해시켜 친하게 지내도록 노력했지만 별 소용이 없습니다. 결국 두 아이는 처음에 왜 연재가 승수를 놀렸는지 원인도 기억하지 못하면서 서로 미워하는 사이가 되고 말았습니다.

초등학교 4학년 승준이도 친구 강현이가 자기 흉을 보는 것을 알게 되었습니다. 화가 많이 났습니다. 그런데 아무리 생각해도 왜 강현이가 자신을 놀리는 것인지 알 수 없었습니다. 그래서 싫었지만 용기를 내 "너 왜 자꾸 나를 놀려?" 하고 물어보았습니다. 강현이는 "너 때문에 내가 우리 엄마한테 혼났단 말이야"라고 말합니다. 아마 강현이 엄마가 지난번에 성적이 많이 오른 승준이와 강현이를 비교해서 속상했나 봅니다. 승준이는 자신의 잘못도 아닌데 억울하다는 생각이 들었습니다. 그래도 강현이가 속상해하니 "우리 엄마도 전에 그런 말 자주 했는데……. 기분 나빴겠다"라고 말했습니다. 그러자 강현이도 작은 목소리로 "미안해"라고 말했습니다. 둘은 이제 다시 편한 친구 사이로 돌아왔습니다.

이런 일은 친구 간에 흔히 벌어지는 일입니다. 승수와 승준이 모두 비슷한 상황을 경험했습니다. 하지만 두 아이가 선택한 행동은 큰 차이가 있습니다. 마음이 불편해진 상황에서 어떤 방법을 선택하는가에 따라 일의 결과는 완전히 달라집니다. 아이가 자신의 불편한 감정을 어떻게 다루기 바라나요? 당연히 승수처럼 화가 난다고 화에 파묻히지 않기를 바랍니다. 승준이처럼 화는 나지만 자신의 감정을 잘 조절해서 원인을 알아보는 현명한 행동을 하기 바랍니다.

우리 아이들이 승준이처럼 자신의 감정에 휘둘리지 않고 부정적인 감정을 건강한 감정으로 잘 활용하게 하려면 엄마 아빠가 먼저 모범을 보여야 합니다. 앞의 이야기로 돌아가 봅시다.

선우 엄마는 학교에서 돌아온 선우에게 엄마가 화가 났었다는 이야기를 들려주기로 합니다.

"선우야, 사실은 네가 숙제를 안 가져간 걸 보고 화가 많이 났어. 그런데 마음을 진정하고 보니까 네 책상이 어질러져 있어서 숙제를 열심히 하고도 놓고 갈 수 있겠다는 생각이 들었어."

선우는 엄마의 말을 가만히 귀 기울여 듣고 있습니다.

"그래서 엄마가 책꽂이를 정리했어. 숙제 칸을 만들었는데 어떠니?"

선우는 책꽂이를 보더니 긴장했던 얼굴이 풀어지며 좋아합니다.

"엄마 잘했지?"

"네, 엄마. 잘했어요."

불편한 감정 속에 숨어 있는 정보

혹시 감정 중에 불필요한 감정이 있다고 생각하나요? 내가 느끼는 감정 중에 느끼면 안 되는 감정이 있나요? 불편한 감정 중에 어떤 감정은 절대 표현하면 안 된다고 생각하는지요? 억압하거나 무시해야 한다고 생각하는 감정은요? 아무짝에도 쓸모없는 감정이 있을까요?

심리학자들은 모든 감정은 유익하게 활용할 수 있다고 말합니다. 우리는 매순간 자각하든 자각하지 못하든 어떤 감정을 느낍니다. 우리가 느끼는 감정, 그중에서도 불편한 감정은 공연히 무시되고 나쁘게 평가되어 왔습니다. 그래서 무언가 불편한 감정을 느껴도 표현하면 안 된다고 생각해서 억압하거나 무시했지요. 이런 생각이 아이를 키우면서도 무심코 적용됩니다. 아이가 불편함을 느끼면 그렇게 느끼지 말라고 말합니다. 그렇게 말한다고 느껴지는 감정이 바뀔까요?

말만 듣고 감정이 바뀐다면 얼마나 좋을까요? 그런데 전혀 그렇지 않습니다.

감정 속에는 내가 나에게 주는 중요한 정보가 들어 있습니다. 감정에 매몰된 사람들은 결코 깨닫지 못하는 아주 중요한 정보입니다. 특히 불편한 감정은 더욱 그렇습니다. 하지만 아이는 그런 정보를 스스로 깨달을 만큼 성숙하지 못합니다. 부모가 먼저 아이의 감정 속에 숨어 있는, 아이가 자기 자신에게 주는 그 중요한 정보들을 깨달을 수 있게 도와주어야 합니다.

여름방학입니다. 초등학교 2학년 주환이가 담임선생님에게 전화를 했습니다. 선생님이 전화를 받자마자 수화기에서 왠지 흥분하고 겁먹은 듯한 주환이의 목소리가 들려옵니다.

"선생님, 아무리 찾아도 독서 기록장이 없어요. 정말이에요. 아무리 찾아도 없어요."

아이는 격앙된 목소리로 울먹이기 시작합니다. 방학 숙제로 독서 기록장에 독서록을 써야 하는데 그 공책이 없어졌나 봅니다. 학교에서 인쇄해서 나눠 준 공책이기에 없어지면 숙제를 못 해 갈 형편입니다. 그러니 놀라고 걱정된 마음에 전화를 했겠지요. 엄마에게는 또 얼마나 혼이 났을까요? 담임선생님에게 전화를 하는 일도 쉽지는 않았을 것입니다.

지금 아이는 당황스럽고, 놀랍고, 불안하고, 속상하고, 불편한 감정의 홍수에 빠져 허우적거리고 있습니다. 이렇게 아이가 불편한 감정에 빠졌을 땐 감정에서 헤어 나올 수 있게 도와주어야겠지요. 우선 아이가 느끼는 불편한 감정 속에 어떤 정보들이 숨어 있을지 생각해 볼까요?

불편한 감정은 아이의 욕구와 바람이 충족되지 못했다는 신호입니다. 욕구가 충족되지 않아 불쾌감으로 신호를 주는 것이지요.

감정		감정이 나에게 주는 정보
독서 기록장이 없어져서 놀람	➡	살다 보면 이렇게 당황스러운 일이 생길 수 있으니 앞으로는 정신 차리고 잘 챙겨.
엄마가 혼내서 속상함 선생님에게 전화하기 어려움	➡	난 부모님과 선생님이 나에게 실망하는 것을 보고 싶지 않아. 숙제를 잘하는 좋은 아이로 인정받고 싶어.
무슨 일이 생길지 모르는 불안감	➡	더 큰일이 생길 수도 있으니 정신 바짝 차려. 혼자 해결하기 어려울 땐 도움을 요청해.

아이가 느끼는 여러 가지 불편한 감정 속의 정보들을 추측해 보았습니다. 이런 정보가 숨어 있다는 게 공감되나요? 이런 정보가 숨어 있다는 걸 알면 아이가 그것을 깨달을 수 있도록 이야기를 나누면 됩니다. 우선 불편한 감정에 빠져 있는 아이의 감정을 먼저 읽어 줍니다.

"불안해서 선생님한테 전화했구나."

"독서 기록장이 없어져서 놀랐겠구나."

"엄마한테 혼나서 속상했겠다."

이렇게 말하면 아이는 지금 자신이 어떤 감정 때문에 정신이 없고 혼란스러운지 이해하게 됩니다. 아이가 인식하지 못하는 감정에 이름을 붙여 주는 것입니다. 그런 다음 아이의 감정 속에 숨어 있는 정보를 찾아 주면 더 좋습니다.

"넌 네 할 일을 잘하고 싶은 아이구나."

"넌 네 숙제나 준비물을 잘 챙기고 싶어 하는 사람이구나."

"넌 엄마가 너로 인해 행복감을 느끼기를 바라는구나."

이렇게 아이에게 돌려주는 것이 필요합니다. 아이가 느끼는 감정 속에 숨어 있는 아이 자신의 바람과 욕구가 무엇인지 깨달을 수 있도록 도와주는 것입니다. 자신의 감정 속에 숨어 있는 '내가 나에게 하는 말'에 귀 기울일 줄 아이는 참 멋지겠지요.

'아, 내가 이런 걸 하고 싶구나', '난 이런 건 싫어하는 사람이구나'라는 깨달음으로 자신이 원하는 멋진 나로 성장해 갈 것입니다.

부모로서 죄책감을 느끼는 날, 무엇을 하나요?

아이를 잘 키우기 위해 육아 서적을 읽고 강의를 듣고 공부하는 부모가 필연적으로 거치는 심리적 과정이 있습니다. 바로 죄책감의 터

널입니다. 많은 부모가 '이렇게 했어야 했는데, 저렇게 했어야 했는데……' 하고 후회합니다.

아이에게 잘못한 것은 너무 많고 시간은 되돌릴 수 없고 아이에게 제대로 해 주지 못했다는 사실에 큰 괴로움을 느낍니다. 차라리 아무것도 모른 채 지금까지처럼 하는 게 낫겠다는 생각이 들 정도입니다. 직장 엄마의 죄책감은 더 심하겠지요. 아이에게 늘 미안하고 일을 하면서도 직장을 그만둬야 하나 하는 생각을 늘 마음 한편에 두고 삽니다.

우리는 마음이 불편하면 그 이유를 생각합니다. 그리고 그 불편함을 없애기 위해 어떤 행동을 하게 됩니다. 불안이든 죄책감이든 결과는 모두 아이를 위해 더 열심히 에너지를 쏟아 붓는 모습으로 나타나는 경우가 많습니다.

부모로서 죄책감을 느끼는 날, 무엇을 하시나요? 귀찮기만 하던 아이의 간식을 만들기 위해 장을 보러 나서지는 않나요? 아이의 방에 들어가 다시 한 번 방을 살펴보고 옷장이라도 정리하게 되지는 않나요? 어질러진 책상에서 아이의 공책을 꺼내 들고 한 글자 한 글자 써 내려간 우리 아이의 힘겨움에 또 한 번 마음이 아프지는 않나요? 글씨를 엉망으로 썼다고 다그치기만 했던 시간들이 기억나서 더욱더 미안해지지는 않나요? 그래서 이날은 작심하고 그동안 미루어 왔던 무언가를 행동에 옮기게 됩니다. 바로 이것이 죄책감이라는 감정이 주는 에너지입니다. 감정은 우리를 행동하게 만듭니다. 너무 피곤하고 지쳐서 꼼짝도 못할 것 같았는데 아이에게 미안한 마음이 들면 벌떡 일어나서 아이를 맞을 준비를 합니다. 모건 스캇 팩은 《아직도 가야 할 길》에서 "인간의 감정은 에너지의 원천"이라고 말했습니다.

부모 교육을 할 때 가장 열심히 실천하는 사람은 아이에게 미안한 마음을 가진 사람들입니다. 부모가 느끼는 죄책감을 피하지도 말고 괴로워하지도 말기 바랍니다. 그냥 담담히 내 마음속에 자리 잡은 죄책감을 가만히 살펴보고 이렇게 말해 보세요.

'내가 아이에게 많이 미안하구나. 못해 줘서 그동안 괴로웠구나. 그럼 이제 한번 행동해 볼까?'

불편한 감정이 문제가 되는 것은 감정의 긍정적 기능을 잘 사용하지 못하는 경우입니다. "너 때문에 내가 이게 무슨 꼴이니? 널 괜히 낳았나 보다" 하는 말을 내뱉는 등 자신의 감정에 지배당하거나 제대로 다루지 못하는 경우입니다. 어떤 사람은 죄책감을 느껴서 오히려 아이에게 더 화를 내고 원망하기도 합니다. 감정의 에너지를 엉뚱하게 사용하면 폭력적 에너지로 표현될 수도 있습니다. 나의 감정을 잘 인식하고 그 감정이 나에게 무슨 말을 하는지 제대로 들어야겠지요.

감정은 에너지 가득한 동기를 제공해 줍니다

두려움은 두렵게 느껴지는 원인으로부터 도망갈 힘을 줍니다. 화가 많이 나면 어떤 상황에서도 싸우고 대항할 힘이 생겨나지요. 이렇게 감정은 우리에게 힘을 줍니다.

불편한 감정이 문제가 되는 것은 감정의 기능과 감정이 우리에게 전해 주는 정보를 제대로 알아차리지 못했을 때 생겨나는 부작용 때문입니다. 불편한 감정은 억압하거나 무시하면 절대로 사라지지 않습니다. 어렸을 때 부모님에게 표현하지 못했던 불편한 감정들을 살펴보세요. 억압하고 눌렀던 감정들이 잘 소화되었나요, 아니면 앙금으로 남아 이제 부모님보다 힘이 더 커진 시점에서 아무 때나 불쑥 터져 나오려고 하나요? 감정의 에너지를 어떻게 사용하면 좋을지 선택하는 건 바로 우리 자신입니다. 감정이 자신을 망칠 수도 있고 주변 사람들을 힘들게 할 수도 있습니다. 우리 아이들이 불편한 감정으로 인해 생겨나는 에너지를 잘 활용했으면 좋겠습니다.

엄마한테 혼나서 화가 난 아이가 선택할 수 있는 행동은 크게 두 가지입니다. 첫 번째는 화풀이 대상을 찾아 화를 푸는 방법입니다. 괜히 트집을 잡아서 소리 지르고 때리며 동생과 싸웁니다. 아니면 친구와 시비가 붙어 큰 싸움으로 번지기도 합니다. 이 방법도 화에서 생겨난 에너지를 푸는 방법입니다. 두 번째는 화가 난 마음을 운동으로 풀거나 또 다른 일에 몰입해서 에너지를 사용하는 방법입니다. 분노감에서 생겨난 에너지를 생산적인 일에 활용하면 자신의 성장에 도움이 됩니다.

저의 앞집에는 초등학교 2학년 남자아이가 살고 있습니다. 복도에서 들리는 아이의 피아노 소리가 하루가 다르게 일취월장합니다. 엄마에게 아이가 피아노를 정말 좋아하는 것 같다고 하니 엄마는 이렇게 말합니다.

"애가 화가 날 때마다 피아노를 쳐서 그래요."

엄마에게 혼나서 화가 난 아이가 피아노를 쿵쾅거릴 때 그냥 놓아두었더니 이제 습관이 되어 조금이라도 기분이 나쁘면 피아노를 친다고 합니다. 피아노를 치면서 마음을 안정시키니 아이가 좋아하는 음악도 점점 많아지고 있다고 합니다. 자신의 감정을 이렇게 에너지로 활용하는 능력이 바로 감성 지능입니다.

감정의 에너지를 어떻게 사용하는 아이로 키우고 싶으신가요? 요즘 아이들은 불편한 감정에서 생겨난 에너지를 제대로 활용할 기회가 없습니다. 아이의 마음이 불편하다고 느껴진다면 그 에너지를 좋은 곳에 사용할 수 있도록 이끌어 주세요. 감성 지능이 높은 아이로 성장할 것입니다. ☕

눈물 다음엔
웃음이 필요해요

심리치료를 받는 아이들에게는 공통점이 있습니다. 잘 웃지 않는 것입니다. 아이의 마음에 문제가 생겼다는 첫 번째 신호는 웃음이 사라지는 것입니다. 아이의 웃음소리는 정신건강의 신호등입니다.

우리 아이, 잘 웃는 아이인가요?

웃음의 사전적 의미는 '쾌적한 정신 활동에 수반되는 감정 반응'입니다. 고대의 의사 밀레투스는 《인간의 특성》이라는 의서에 "웃음의 어원은 헬레(hele)로, 그 의미는 건강(health)이다"라고 적었습니다. 허준의 《동의보감》에는 "웃음은 보약보다 좋다"라고 씌어 있습니다. 미국 홉킨스병원이 펴낸 정신건강 책자에도 "웃음은 내적 조깅"이라는 서양 속담을 토대로 웃음의 긍정적인 측면이 소개돼 있습니다.

웃기는 영화를 본 집단은 불쾌한 것을 본 집단보다 인내심이 상당히 늘어난 것으로 확인된 연구 결과도 있습니다. 건전한 유머가 증상 완화와 관계 개선 효과를 가져온다고 결론 지은 연구 결과도 있습니다. 웃음을 불러오는 상황 속에서 긍정의 힘이 생겨나고 스트레스가 줄어든 것이지요.

그런데 아이들의 경우 좀 다른 점을 발견할 수 있습니다. 컴퓨터 게임을 하면서 실컷 웃었던 아이가 게임이 끝나자마자 굳은 얼굴로 방에 들어가 버립니다. TV 개그 프로그램을 보면서는 깔깔거렸는데 끝나자마자 동생에게 신경질을 부리고 공연히 트집을 잡습니다. 왜 그런 걸까요? 마음에 상처를 입은 아이들의 반응은 웃음이 신체에 미치는 영향을 보고한 앞선 연구들과 조금 달랐습니다.

심리적 상처가 있는 아이들이 TV를 보거나 게임을 하면서 혼자 웃는 웃음은 큰 효과를 나타내지 못합니다. 아이들에게는 엄마 아빠와 얼굴을 바라보며 이야기를 나누거나 장난을 칠 때 터져 나오는 웃음이 필요합니다. 심리적 상처가 큰 아이들은 대부분 엄마 아빠와 마주보며 웃은 경험이 아주 많이 부족합니다. 아이의 손을 잡고 심리치료실을 찾아온 엄마에게 언제 아이의 얼굴을 마주보며 웃었는지 물어보면 한참 생각하느라 대답을 하지 못합니다. 그러곤 결국 이렇게 말합니다.

"한참 된 것 같아요. 몇 주인지 몇 달인지 잘 모르겠어요."

엄마 아빠가 함께 웃어 주세요

이제 다시 우리 아이가 엄마 아빠와 함께 웃을 일을 만들면 좋겠습니다. 유아라면 참 쉽습니다. 몸 장난만 쳐도 쉽게 웃기 시작합니다. 단순히 가위바위보로 간지럽히기 놀이만 해도 아이는 엄마 아빠의 몸에 매달려 웃기 시작합니다. 그렇게 웃고 난 아이는 말도 더 잘 듣고 예쁜 짓도 더 많이 합니다. 초등학생도 어렵지 않습니다. 함께 개그 프로그램을 보면서 이야기를 나누며 웃으면 됩니다. 아이가 좋아하는 프로그램을 함께 보면서 스킨십을 하고 눈을 마주치며 뭐가 제일 재미있는지, 왜 재미있는지 이야기를 나누는 것입니다. 아이랑 좀더 웃고 싶다면 개그 흉내를 내는 것도 좋겠습니다. 긴장하고 움츠렸던 아이의 마음이 편안하게 활짝 열리는 것을 볼 수 있을 겁니다.

아이의 마음을 알아주거나 엄마 아빠의 마음을 전달하는 것이 아직 서툴고 어렵다면 우선 아이와 함께 웃는 것부터 시작해 보기 바랍니다. 아이는 엄마 아빠와 함께 웃고 싶어 합니다. 서던캘리포니아대학교 신경학과 안토니오 다마시오 교수는 "인간은 즐거운 상태가 되면 그 기쁨은 단순히 고단한 일상을 견디게 하는 정도가 아니라 활기차게 살도록 해 주며 행복하다는 느낌을 준다"고 했습니다. 이 상태에서는 창의적 사고와 지각력, 정보 처리 능력이 향상되고, 신체 기능도 좋아지며, 이 상태에서 일을 하면 훨씬 더 빠르게 처리할 뿐만 아니라 결과물도 더 우수해진다고 합니다.

연아는 초등학교에 들어가고 나서 짜증을 내는 일이 많아졌습니다. 선생님이 무섭고 친구들이 모두 싫다고 말합니다. 숙제나 공부도 안 하려고 합니다. 심리치료를 받게 하겠다는 부모님께 우선 한두 주 정도만 아이랑 놀아 주기를 권했습니다. 하루 10분 정도라도 좋습니다. 아이가 엄마 아빠와 함께 깔깔거리고 웃는다면 성공입니다. 간지럼 태우기나 산책, 짧은 달리기 시합도 좋습니다. 무엇이든 아이가 웃음소리를 내면 됩니다.

다음 주 연아는 오랜만에 아빠랑 엄마랑 공원으로 자전거를 타러 나갔습니다. 바로 집 뒤에 작은 공원이 있는데 엄마 아빠랑 함께 나온 건 몇 달 만인 것 같습니다. 연아는 뭐가 그리 좋은지 연신 함박웃음에 까르르 웃음소리를 냅니다. 자전거를 타며 즐거워하는 연아의 웃음소리에 엄마와 아빠의 마음도 함께 춤을 춥니다. 오랜만에 연아의 웃음소리를 들으며 엄마 아빠는 하루에 꼭 한 번은 연아가 저렇게

까르르 웃도록 해야겠다고 마음먹습니다.

다음 날 아빠가 A4 용지를 가져와 놀이를 했습니다. 종이를 배에 올리고 맞은편 벽까지 떨어뜨리지 않고 가서 벽을 치고 돌아오는 게 임입니다. 연아는 아빠랑 엄마가 종이를 떨어뜨리지 않으려고 배를 쑥 내민 모습이 우스꽝스러워 깔깔거리며 웃습니다. 연아도 따라 합니다. 배불뚝이 연아의 모습은 너무 사랑스럽습니다. 종이를 배에 붙이고 빨리 달리니 몸을 바로 세워도 종이가 떨어지지 않습니다. 이제 연아는 재미있고 신기하다며 몇 번을 왔다 갔다 하며 재미있게 놉니다. 성공입니다.

다음 날에는 종이를 말아 고깔을 만들었습니다. 다른 종이 한 장을 구겨 공을 만듭니다. 엄마, 아빠, 연아가 종이 고깔을 손에 들고 종이 공을 던져서 받기 놀이를 합니다. 고깔에 넣어 공을 던지니 잘 안 던져지기도 하고 상대가 던진 공을 받으려니 종이 고깔이 구겨지기도 합니다. 중요한 건 이렇게 종이 공 받기 놀이를 하면서 모두 재미있어 한다는 사실입니다. 종이 고깔이 구겨지자 테이프를 붙여 고치기도 합니다. 연아는 "학교에 가서 친구들이랑 해야겠다"며 즐거워합니다.

다음 날은 연아가 놀이를 제안합니다. 종이를 머리 위에 올리고 떨어뜨리지 않고 달리기를 하자고 합니다. 점수를 매겨서 진 사람이 이긴 사람을 업어 주기로 합니다. 아마 자기가 지는 건 생각지도 않고 아빠가 지면 업힐 생각만 하는 모양입니다. 학교에서 친구들이랑 연습해서 잘할 수 있다고 큰소리까지 칩니다. 조심스럽게 걸어도 종이는 머리에서 자꾸 떨어집니다. 엄마가 1등, 연아가 2등, 아빠가 꼴찌입니다. 갑자기 연아는 규칙을 바꾸어 꼴찌가 1등과 2등을 다 업어 주어야 한다고 주장합니다. 아빠는 부당하다고 따졌지만 연아는 막무가내입니다. 못 이기는 척하고 아빠가 엄마를 먼저 업어 줍니다. 엄마는 연아 덕분에 결혼하고 아빠에게 처음 업힌다며 좋아합니다. 연아는 그 모습을 보고도 손뼉을 치며 좋아합니다. 연아는 아빠 등에 업힌 채 말춤을 춥니다. 엄마는 그 모습을 보니 눈물이 핑 돕니다. 이렇게 쉬운 것을 모르고 그동안 아이를 그렇게 힘들게 했나 생각하니 너무 마음이 아프고 미안합니다.

하루에 한 번씩 웃게 해 주겠다는 결심을 할 땐 이렇게까지 아이가 좋아할 거라는 생각을 하지 못했습니다. 엄마 아빠와 함께 놀기 시작한 이후부터 연아는 밝아지고 잘 웃습니다. 친구들과도 잘 놀기 시작했습니다. 소중한 사람과 함께 웃는 웃음은 우리 아이의 마음을 탄탄하게 지켜 줍니다.

같은 편이 되어 주면
말이 부족해도 괜찮아요

 가장 빨리 관계가 좋아지는 법, 편들어 주기

편들어 주기는 말하는 사람이 가장 원하는 반응입니다. 대화 기술이
부족해서 말을 잘하지 못해도 좋습니다. 배워도 말이 안 나와 사용하지
못해도 괜찮습니다. 아이에게 가장 중요한 사실은 엄마 아빠가 자기편
이라는 것입니다. 자기편이라는 믿음을 가질 수 있도록 마음을 표현해
주세요. 아이들은 말하지 않으면 부모가 자기편이라는 사실을 알지 못
합니다.

 아이가 속상할 때 부모는 누구의 편인가요?

아이가 성적이 나쁠 때, 친구와 다투었을 때, 친구를 때렸을 때, 선생
님께 혼났을 때, 숙제하기 싫을 때, 동생이나 형 때문에 화가 났을 때 부
모는 아이에게 많은 말을 하게 됩니다. 모두 다 아이를 위한 말이지요.

하지만 안타깝게도 아이는 그런 말이 모두 자신을 미워해서 하는 말이라고 오해하기 일쑤입니다. 부모는 분명히 아이 편입니다. 같은 편이라는 증거를 보여 주세요.

- 아이가 울 땐, "우리 ○○이를 누가 그랬어!"
- 친구를 때렸다면, "네가 때릴 만한 이유가 있었을 거야."
- 숙제하기 싫은 아이에겐, "숙제하기 힘들지?"
- 선생님께 혼이 난 아이에겐, "혼나서 기분 나쁘지?"
- 형제 때문에 화가 났다면, "형(동생) 때문에 많이 속상했지? 엄마라도 그런 마음이 들었겠다."

 자기편이 있는 아이는 외롭지 않습니다

같은 편이라면 서로 믿습니다. 배신하지 않습니다. 때로는 이유도 묻지 않고 무조건 편들어 줍니다. 아이의 편이 되어 주세요. 편이 있는 아이는 외롭지 않습니다. 부모가 있어도 외롭고 슬픈 아이는 엄마 아빠가 자기편이라는 사실을 깨닫지 못하기 때문입니다. 우리 아이에게 세상에서 가장 든든한 자기편이 있으면 좋겠습니다.

가슴 아픈
대화의 추억

 잔소리도 다 같은 잔소리가 아닙니다

텔레비전에 계속 게임을 하는 초등학생 아들에게 잔소리하는 엄마가
나옵니다.

"저럴 땐 어떻게 하면 아이가 게임을 멈추게 할 수 있을까?"

"계속 저렇게 잔소리하는 수밖에 없어요."

"잔소리 싫지 않니?"

"그래도 그건 상처 주는 말은 아니니까요."

고등학생이 된 아들과 엄마의 대화입니다. 자신이 잔소리를 들을 때
는 귀찮았지만 객관적인 시선으로 보니 그것이 필요하다고 말합니다.

부모가 하는 모든 말은 아이를 위한 것이지만 사실 아이들은 부모의
말로 상처를 받는 경우가 많습니다. "게임 그만해"는 지금 당장은 듣기
싫지만 지나고 나서 생각하면 상처가 되지는 않습니다. 자신이 부모가

되어도 그렇게 말할 거라는 생각도 하게 됩니다. 하지만 마음에 상처가 되는 말은 아무리 시간이 지나도 마음이 아픕니다.

 가슴 아픈 잔소리는 이제 그만

아이가 말하는 '지나고 생각해도 마음 아픈 엄마의 대화들'입니다. 이런 말을 들으면 두고두고 속상합니다. 자신이 정말 엉망인 것 같고 힘이 빠집니다. 노력해도 소용없는 것 같고 살기 싫은 느낌도 듭니다. 가능하면 이런 말은 사랑하는 우리 아이에게 하지 않아야겠습니다. 이런 말만 피해도 아이와의 대화는 잘 진행될 수 있습니다.

"너한테 실망이야."

"네가 그럼 그렇지."

"난 네가 잘하는 줄 알았지."

"내가 괜한 기대를 했다."

"넌 손재주가 별로 없네."

"여태까지 한 거 다 내놔 봐."

"나중에 커서 뭐가 되려고 그러니?"

"애들은 몰라도 돼."

"넌 왜 맨날 그 모양이니?"

"누굴 닮아서 그러니?"

Part 05_

대화가 잘 안 될 때는
한번 살펴보세요

아이를
감동시킨 적 있나요?

어릴 적 저희 어머니는 일을 하셨습니다. 제가 기억하는 엄마의 모습은 출근하기 위해 준비하시는 모습, 저녁에 집안일을 하시는 모습, 일이 많이 늦는 날이면 밤늦게라도 가계부나 회계 장부를 정리하시는 모습이었습니다. 심지어 밤 1시쯤에 잠을 깼는데 놋그릇을 닦고 있는 엄마의 모습을 본 적도 있습니다. 저는 늘 일하지 않는 엄마를 둔 친구들이 부러웠습니다. 친구들은 비가 오면 우산을 가져다주는 엄마가 있었지만 저는 그냥 빗속을 뛰어가야 했습니다. 그래도 저 같은 아이들이 많이 있었기에 특별히 서글프지는 않았지요. 하지만 집에 가도 엄마가 없다는 사실은 참 허전했습니다.

전 몸이 건강해서 잘 앓지 않는 아이였습니다. 그래서 종종 아프거나 다쳐서 엄마의 특별한 관심을 받는 오빠를 부럽게 지켜본 적이 많습니다. 그러던 제가 초등학교 3학년 때 딱 한 번 아파서 조퇴를 한 날이 있습니다. 생전 처음 어지러운 느낌에 세 걸음 걷고 한 번 쉬어 가며 거의 한 시간이나 걸려 집에 도착했습니다. 하지만 텅 빈 집에서 저를 반겨 주는 이는 아무도 없었습니다. 겨우 요를 깔고 누워 잠이 들었습니다. 얼마 후 잠에서 깨어났지만 집 안은 조용했습니다. 왠지 쓸쓸한 기분에 잠시 울컥했지요. 일어나 몸을 움직이는데 바스락 소리가 들렸습니다.

'아! 롤 카스텔라!'

기분이 너무 좋아졌습니다. 롤 카스텔라는 오빠가 아플 때면 종종 먹던 특별 간식이었습니다. 한 입만 달라고 해도 잘 주지 않았던, 그래서 늘 먹고 싶었던 바로 그 카스텔라가 저를 위해 가만히 놓여 있었습니다. 자는 사이에 엄마가 놓고 다시 나가셨나 봅니다. 롤 카스텔라를 두 손에 들고 이리저리 살펴보다 머리맡에 고이 모셔 놓습니다. 학교 다녀온 언니 오빠가 카스텔라를 발견하고 조금만 달라고 하자 저는 한껏 우쭐거렸습니다.

엄마는 그날도 늦게까지 일하고 오셨습니다. 그리고 특별히 어떤 말씀을 하셨는지는 기억나지 않습니다. 하지만 엄마가 사 주신 카스텔라는 엄마의 사랑을 보여 주는 틀림없는 증거였습니다. 꼭 말로 하지 않아도 우리 아이들은 엄마가 자신을 마음에 두고 있다는 것을 확인하면 그것으로 충분할 때도 많습니다.

대화의 기술보다 중요한 것은 부모가 주는 감동

말은 기술입니다. 기술로만 접근할 땐 그냥 '기술을 쓰는구나'라는 생각이 들 뿐입니다. 하지만 말은 좀 서툴러도 진심이 전해진다면 아이는 정말 잘 자랍니다. 엄마 아빠의 진심이 감동을 주기 때문입니다.

초등학교 2학년 지원이는 낯선 사람을 보면 표정이 굳어지고 말을 잘 하지 않습니다. 그래도 학교 성적은 좋은 편이고 특별한 문제가 없어 별 걱정을 하지 않습니다. 남동생 1학년 지수는 다릅니다. 학교에 입학한 3월부터 선생님이 따로 부모 상담을 하자고 할 정도로 문제가 많습니다. 수업 시간에 불쑥 일어나 돌아다니기도 하고 선생님이 설명하는 중간에 엉뚱한 말을 해서 수업을 방해하기도 합니다. 거기까지는 어려서 그러겠지 하고 이해했는데, 친구들의 물건을 말없이 가져가서 다른 곳에 던져 두거나 옆 반까지 가서 똑같은 행동을 저지르는 바람에 이젠 더 이상 두고 볼 수가 없게 된 것입니다.

심리치료를 위해 두 아이를 데리고 온 엄마 아빠는 동생 지수 이야기만 합니다. 그런데 전 자꾸 지원이의 눈길이 마음에 밟힙니다. 겁을 먹은 것 같기도 하고, 무언지 모를 원망감도 느껴집니다. 잠시 아이를 바라보니 간절한 마음이 전해집니다. 동생도 심리치료가 필요하지만 누나도 당분간 개별 심리치료가 필요하겠다는 말씀을 부모님께 전했습니다. 다행히 부모님도 아이에 대해 막연한 걱정을 하고 있던 터라 망설이지 않고 두 아이의 심리치료를 각각 진행하기로 했습니다.

아빠는 늘 바쁩니다. 개인 사업을 하는 터라 아침에 늦게 출근해서 아이들은 학교에 가기 전 아빠의 잠자는 얼굴을 볼 뿐입니다. 저녁에는 당연히 늘 늦지요. 일을 열심히 하기도 하고 술 약속도 많기 때문입니다. 엄마는 직장을 다니진 않지만 늘 바쁩니다. 아이들을 학교에 보내고 시간 맞춰 학원에 데려다 주는 것만으로도 너무 바빠 보입니다. 지원이는 엄마가 얼마나 바쁜지, 얼마나 중요한 일을 하고 있는지 잘 압니다. 그래서 학교에서 친구 때문에 속상하다느니, 선생님이 혼내셔서 힘들다느니 하는 말을 엄마에게 하지 못합니다. 말하고 싶은 마음은 굴뚝같은데 그런 말을 하지도 못하고 말할 틈도 없습니다. 엄마는 늘 이렇게 말합니다.

"학교 잘 갔다 와. 수업 시간에 집중하고. 학원에서 배운 거라고 대강 듣지 말고 열심히 들어."

학교 수업이 끝난 후에도 비슷합니다.

"학원에 시간 맞춰 가야 하니까 간식 빨리 먹어. 숙제는 다 했지?

잘 챙겨 넣고. 오늘 새로운 부분 진도 나가니까 정신 차리고 잘 들어."

엄마와는 하루 종일 이런 말만 나눕니다. 지원이가 하는 말은 그저 "네. 알았어요", "알았다니까요"라는 말뿐입니다. 단둘이 앉아 지원이의 눈을 가만히 바라보았습니다. 지원이는 제 눈길을 어색해하면서 어쩔 줄 모릅니다. 그래도 한참을 미소 지으며 들여다보았습니다. 좀 지나자 "왜 자꾸 봐요?" 하고 겨우 묻습니다.

"네가 말하기 싫어하는 것 같아서 네 눈빛을 읽어 보려고."

"......."

"선생님이 알아낸 네 마음이 궁금하지 않니?"

고개를 끄덕입니다.

"정확히는 모르겠는데 딱 한 가지는 알겠어."

"그게 뭔데요?"

(작은 목소리로 속삭이듯 천천히) "넌 사는 게 별로 재미없는 것 같아. 맞니?"

가만히 있습니다. 그런데 두 눈이 빨개지며 눈물이 글썽이기 시작합니다.

"아무도 너에게 관심을 가져 주지 않는 것 같아 슬프구나."

지원이의 등 뒤로 가서 꼭 안아 주었습니다. 소리도 내지 못하고 훌쩍이는 아이가 정말 안쓰럽게 느껴집니다. 왜 이 아이의 슬픔을 엄마 아빠는 미처 알지 못했을까요? 가장 중요한 아이의 마음을 가장 먼저 신경 써야 한다는 것을 왜 몰랐을까요?

엄마 아빠가 지원이를 가장 빨리 도와줄 수 있는 방법은 엄마 아빠의 마음을 전하는 것입니다. 지원이 엄마는 말로 표현하는 게 너무 어렵다고 합니다. 차라리 행동으로 하는 게 더 쉽다고 합니다. 그래서 엄마 아빠와 관련된 지원이의 추억을 알아보았습니다. 지원이가 행복하다고 느낀 때는 엄마 아빠랑 함께 외식했던 일입니다. 가족여행을 갔던 것도 기억합니다. 그리고 아빠 등에 업혀 매달렸을 때를 이야기하면서 환하게 웃습니다. 그래도 아직 엄마 아빠와의 행복했던 순간들이 있어 버티고 있나 봅니다. 지원이의 기억 속에서만 좋은 엄마 아빠로 기억되는 것은 좋지 않습니다. 바로 지금 여기에서 다시 '엄마랑 있어 참 좋다', '아빠랑 함께하니 정말 좋다'라는 느낌을 가질 수 있도록 해야겠지요.

작은 관심에서 시작되는 감동적 사랑

우선 지원이 엄마부터 시작합니다. 지원이 엄마가 잘할 수 있는 것, 쉽게 할 수 있는 것 중에서 찾아보기로 합니다. 지원이 엄마는 여러 가지 취미 생활을 경험했습니다. 퀼트를 배웠는데 아이 필통을 만들어 주려다 완성하지 못한 게 있다고 합니다. 참 좋습니다. 엄마가 자신만을 위해 한 땀 한 땀 바느질한 필통을 들고 다니면 지원이 마음이 든든해지겠지요. 아빠는 당분간 늦게 퇴근하더라도 지원이와 지수가 좋아하는 간식을 사 오기로 합니다. 지원이나 지수와 얼굴을 마주 보지는 못하지만 아빠가 사 오셨다는 그 사실에 아이들은 아빠의 사랑을 충분히 느낄 수 있을 테니까요.

얼마 지난 뒤 지원이는 그림을 그릴 때 자기 연필로 하고 싶다고 말하며 엄마가 만들어 준 퀼트 필통을 슬그머니 꺼내 놓습니다.

"어, 퀼트 필통이네. 선물 받았니?"

"네."

"누가 줬어?"

"엄마가요. 엄마가 직접 만들어 주셨어요."

"언제?"

"지난주에요. 엄마가 바쁜데 틈틈이 만드셨대요."

"정말?"

"네. 진짜예요."

그러곤 계속 필통을 만지작거립니다. 자꾸자꾸 엄마의 마음을 만지고 확인하는 것 같아 마음이 짠해집니다. 그 다음 주에는 과자도 가져옵니다.

"이거 웬 과자야? 선생님이랑 나눠 먹으려고 사 왔니?"

"아빠가 저랑 제 동생 먹으라고 사 오셨어요. 크리스마스도 아닌데 침대 위에 놓고 가셨어요. 전에 한번 굉장히 많이 사 오셨는데 어제 또 사 오셨어요."

말하는 지원이의 얼굴이 그렇게 자랑스러울 수 없습니다. 사랑받는다는 느낌이 아이를 이렇게 밝게 만들었습니다.

여전히 엄마 아빠는 바쁘고 말하는 것도 별로 달라지지 않았지만 마음을 전하고 그 마음을 확실히 받았다고 느끼니 아이가 이렇게 달라집니다. 아이들의 마음을 움직이는 건 다그치거나 혼내는 방법이 아니라 이렇게 마음을 감동시키고 사랑을 확인시켜 주는 부모의 작은 행동들입니다.

그렇다면 아이는 언제 엄마 아빠에게 고마워하고 감동을 받을까요? 부모가 무엇을 어떻게 할 때 아이는 부모의 사랑을 확인할 수 있을까요? 답을 찾는 건 어렵지 않습니다. 부모인 우리도 누군가의 사랑을 확인할 때가 언제인지 아주 잘 알고 있으니까요. 우리가 받은 부모님의 사랑 중에서 우리가 확인할 수 있었던 사랑, 바로 그 사랑을 아이에게 전해 주는 일은 정말 중요합니다.

제가 만난 중학생 가운데 엄마 아빠가 이혼을 하고 아빠랑 사는 여학생이 있었습니다. 가정 형편이 그다지 좋지 않아 학교에서는 혹시라도 아이가 어긋나지 않을까 걱정하며 관심 있게 지켜보는 아이였습니다. 그런데 제가 보기에 그 친구는 다른 아이들보다 밝고 활달한 아이였습니다. 마침 저와 이야기를 나누는 동안 아빠에게 전화가 옵니다. 아이가 사정 설명을 합니다.

"오늘 상담 선생님이랑 면담이 있어서 늦어요."

아빠가 뭐라고 소리치는 것이 들립니다. 전화를 끊은 아이는 표정이 좋지는 않습니다.

"아, 또 욕하시네."

"아빠가 욕을 하시니 마음이 안 좋겠다."

"괜찮아요. 우리 아빠는 욕이 애정 표현이에요. 괜히 안 와서 걱정되니까 전화해 놓고 또 욕하시잖아요. 전엔 좀 그랬는데 이젠 괜찮아요."

"멋지다. 어떻게 아빠의 욕 속에 숨어 있는 진심을 알 수 있니?"

"우리 아빤 돈이 조금만 생겨도 제가 원하는 거 잘 해 주세요. 지난 주에는 삼겹살 먹었어요."

아이는 아빠의 거친 표현 속에 숨어 있는 진심을 아주 잘 알고 있었습니다. 그래서 저렇게 밝을 수 있나 봅니다. 우연히 그 아이가 입은 교복 조끼에 눈이 갑니다. 허리쯤에 다른 아이에게는 없는 글씨가 보입니다.

"이게 뭐니?"

"아! 이거요? 우리 아빠가 제 이름을 수놓아 주셨어요."

"응? 아빠가?"

"아니, 직접 수를 놓았다는 게 아니고요. 제가 아이들이 체육 시간에 조끼 벗어 두었다가 잘 잃어버린다고 하니까 수놓는 집에 가져가서 이름 박아 오셨어요."

"아빠가?"

"네."

아이의 얼굴에는 자신이 받고 있는 아빠의 사랑에 대한 확신이 떠
오릅니다.

순간 바쁘다는 핑계로 아이 체육복 안쪽에 네임 펜으로 이름을 대
강 써 준 기억이 났습니다. 저는 부끄러워졌습니다. 저희 아이들에게
미안해졌습니다. 이렇게 예쁘게 수를 놓으니 참 보기가 좋았습니다.
얼굴도 보지 못한 그 아이의 아빠에게 정말 한 수 배웠습니다.

관계 복구 작전이
필요해요

아이와의 관계가 어떤지 잠깐 생각해 보세요. 사랑한다고 해서 관계가 좋은 것은 아닙니다. 내가 사랑한다고 해서 상대방이 나를 편안하게 생각하는 것도 아니지요. 초등학교 2, 3학년 아이들에게 "엄마에게 감사하거나 좋다고 생각하는 것에 대해 이야기해 볼래?" 하고 물었습니다. 3학년 남자아이가 대뜸 "안 계시는 게 도와주는 거죠"라고 말합니다. 뭔가 할 때는 차라리 엄마가 옆에 없는 게 더 낫다고 합니다. 이것저것 자꾸 간섭하고, 잘한다 못한다 말하는 게 영 불편하다고 합니다.

당신은 아이와 어떤 관계인가요?

혹시 아이와의 관계에서 불편한 점이 있다면 다시 좋은 관계가 되기 위한 노력이 필요합니다. 좋은 관계가 되기 위해서는 같이 노는 것이 좋습니다. 그런데 노는 것이 중요하다는 것을 알면서도 이상하게도 놀 줄 모르는 경우가 많습니다. 부모 세대는 그렇게 많이 골목길을 누비며 뛰어놀았을 텐데 왜 그 놀이를 다 잊어버린 걸까요?

색깔 블록을 가지고 노는 네 살 아이에게 엄마가 말합니다.

"뭐 만드니?"

"로봇 만들어요."

"이건 무슨 색깔이야?"

"파랑."

"이건?"

"노랑."

"이건?"

"초록."

"아니야, 연두색이잖아."

엄마는 놀았다고 말하고, 아이는 공부했다고 느낍니다.

놀이의 목적은 학습이 아닙니다. 아이들은 놀이의 즐거움을 통해 에너지를 얻고 사람과 사람 사이의 규칙과 질서를 배웁니다. 장난감으로 상상의 나래를 펼치며 상상력과 창의력을 키웁니다. 무엇보다 놀이를 통해 부모에게서 받은 사랑을 확인하기도 하고 속상하고 불안한 부정적인 감정을 정화하기도 합니다. 엄마 아빠와 잘 노는 아이가 형제들 과도 잘 놉니다. 밖에 나가서 어떤 친구와도 잘 지내게 됩니다.

아이에게 심리적 문제가 생기면 우선 놀이를 하는 아이의 모습을 관찰해 보고 다음에는 엄마나 아빠와 노는 모습을 관찰합니다. 관찰해 보면 부모 중에는 '놀아 주는 부모'와 '함께 노는 부모'가 있습니다. 놀아 주는 거나 노는 거나 그게 그거라고 생각하기 쉽지만 아이들의 입장에서는 참 다르게 느껴집니다. 아이들과 집단상담을 할 때는 자주 놀이 프로그램을 계획합니다. 놀이를 할 때 중요한 것은 제가 놀아 주는 게 아니라 논다는 것을 아이도 안다는 사실입니다. 저는 종종 아이들에게 제가 잘한 점을 질문하곤 합니다. 아이의 마음을 쉽게 알 수 있고 앞으로 치료 계획을 세우는 데 꼭 필요하기 때문입니다. 대부분의 아이들이 제일 많이 말하는 것은 저의 친절함입니다.

"선생님이 친절하게 대해 줘서 좋아요."

"우리한테 친절한 것 같아요."

"저도 친절하다는 점이 마음에 들어요."

정말 우리 아이들은 친절함에 목마르다는 생각이 듭니다. 모두가 아이들이 소중하다고 말하지만, 아이가 만나는 어른들은 아이들에게 친절하지 않은 경우가 많습니다. 그래서 저의 작은 친절함에도 감동을 받는 것 같습니다.

그다음에 아이들이 많이 말하는 것은 바로 "선생님도 재미있게 노는 것 같아요"입니다. 아이들은 자신과 함께 노는 사람을 정말 좋아합니다. 그리고 잘 노는 어른과 함께 놀 때는 친구와 놀 때와는 달리 무언가를 배우기도 하고 몰입하는 것도 더 잘합니다. 엄마 아빠랑 진짜 논다면 더욱 그렇겠지요.

아이와 좋은 관계가 되는 데는 치료놀이가 좋습니다. 치료놀이는 부모 자식 간의 불안정한 애착을 안정된 애착으로 바꾸어 주는 기회를 제공합니다. 그러니 기왕 놀 바에야 심리적 효과가 큰 치료놀이를 선택하면 더 좋겠지요.

재미있고 효과적인 치료놀이

치료놀이란 놀이 치료와 달리 장난감이 필요하지 않고 대신 어느 집에나 있는 생활 재료들을 놀이에 활용하는 방법입니다. 심리적 문제가 심각한 아이들도 엄마나 아빠와 함께 하는 치료놀이로 아주 쉽게 빠르게 좋아지는 경우가 많습니다. 아이의 마음이 건강해지고 엄마 아빠와의 관계도 회복되는 도깨비방망이 구실을 톡톡히 해 줄 것입니다.

치료놀이 전문가 에반젤린 문즈는 《애착 증진 치료놀이》에서 치료놀이에 관해 이렇게 설명했습니다.

"치료놀이는 최우선 목적을 건강한 애착 증진과 자존감 형성, 그리고 타인에 대한 신뢰감 향상에 두고 있는 단기적이고 구조화된 놀이다. 치료놀이는 기본적으로 신체적 접촉과 즐거움, 그리고 재미가 포함되어 있는 일상적인 부모 자녀 간의 상호작용에 기초한다. 또한 어떠한 해석도 하지 않는다. 기이한 행동들은 무시해도 좋다. 아이의 문제에 중점을 두는 것이 아니라 모든 사람은 내적 치유 능력과 성장의 가능성을 가지고 있다는 믿음을 가지고 아이의 건강하고 긍정적인 측면에 초점을 맞춘다."

애착 놀이를 할 땐 엄마 아빠가 무조건 수용하고 아이와 함께 있는 것을 즐거워한다는 느낌을 아이에게 주는 것이 중요합니다. 무언가를 새롭게 시작한다는 느낌도 중요합니다. 지금까지와는 다르게 내 마음을 잘 알아주고 나를 있는 그대로 받아 주고 사랑해 줄 것 같은 느낌이 들어야 합니다.

"엄마 아빠는 너를 잘 돌볼 거야. 네가 뭘 잘하거나 못하거나 상관없어. 너는 너 자체로 충분히 사랑스럽단다."

이런 메시지를 전해 주세요. 아이가 엄마 아빠와의 놀이를 좋아하고 기다린다면 성공적입니다. 치료놀이를 몇 가지 소개합니다.

❶ 이불이나 담요로 하는 놀이

이불을 씌우고 신체 부위 알아맞히기, 이불 썰매, 이불 김말이 등이 있습니다. 신나는 목소리로 "이불 놀이 한번 해 볼까?" 하고 시작해 보세요.

❷ 사탕 찾기

아이가 몸속에 사탕을 숨기면 부모는 눈을 감고 있다가 아이의 몸을 탐색해서 찾는 놀이입니다. 시간제한을 두면 더 재미있습니다. 너무 깊숙한 곳이나 신체의 주요 부위는 피해서 숨기게 하는 것이 좋습니다. 만일 아이가 자신의 몸을 만지는 것을 어색해하거나 경직되어 있다면 아이가 먼저 술래를 하는 것도 좋습니다.

❸ 꼬깔콘이나 짱구 먹여 주기

가족들이 둘러앉아 아이의 손가락에 꼬깔콘이나 짱구를 끼워 줍니다. 부모가 아이의 손에 끼워 주면 아이도 부모의 손에 끼워 줍니다. 가위바위보를 해서 상대방 손가락에 있는 꼬깔콘을 하나씩 먹는 놀이입니다. 아이가 새로운 아이디어를 말하면 그대로 해 주세요.

❹ 로션 발라 주기

아이의 팔이나 다리 등 몸에 로션을 발라 주는 놀이입니다. 로션으로 그림을 그리며 피부를 문지르면 더 재미있습니다.

　알고 보면 치료놀이라 해서 특별한 것은 없어 보입니다. 바로 우리 어른들이 어릴 적에 자주 했던 놀이들입니다. 저녁에 잠자기 전에 형제들과 했던 이불 놀이, 베개 놀이가 모두 치료놀이입니다. 과자를 먹을 때 아껴 먹느라 손에도 끼워 먹고 서로 가위바위보로 과자 따먹기도 하며 했던 놀이입니다. 잡기 놀이, 숨바꼭질 모두 치료놀이가 됩니다. 그러니 너무 좋은 장난감이나 교구를 가지고 놀아야 한다는 부담을 다 내려놓기 바랍니다. 우리가 옛날 어릴 적에 하던 놀이, 바로 그 놀이를 아이와 함께 하는 것입니다.

　주의력이 약한 아이라면 조금씩 주의력을 키워 주는 놀이도 좋습니다. 풍선 전달 게임에서 양손을 주먹 쥐고 옮기고, 그다음에는 양손의 손가락으로 옮기고, 그다음에는 팔꿈치로 옮기고, 또 그다음에는 발로 옮기는 식으로 좀 더 주의력이 필요한 놀이로 확장하면 됩니다. 엄마의 손과 아이의 손, 엄마의 발과 아이의 발이 함께 하면 더 좋습니다.

　과잉행동이 나타나는 아이라면 행동의 한계가 어디인지 인식하고 받아들이도록 명확한 한계와 구조를 제공하는 것이 좋습니다. 놀이의 규칙과 한계를 정확히 알려주는 것이지요. 비눗방울 놀이를 할 때도 '아빠랑 손을 잡고 절대 놓지 않기' 등의 규칙을 정하는 것입니다.

두 손 잡고 함께 비눗방울을 터뜨리거나 풍선을 치는 것도 재미있을 것입니다. 아기처럼 엄마 아빠 손을 꼭 잡고 놀면 안정감을 느끼게 됩니다. 보드 게임을 할 때 주사위를 굴리다가 늘 책상 아래로 떨어뜨리는 아이라면 주사위를 떨어뜨리면 한 번 쉰다는 규칙을 정해도 좋습니다. 아이는 손의 힘을 조절하면서 주사위를 떨어뜨리지 않고도 게임을 잘할 수 있다는 사실을 깨닫게 됩니다. 자신의 충동성을 조절하고 규칙을 잘 지켰다는 성취감을 느끼며 조금씩 나아지게 됩니다. 자신이 알지 못했던 좋은 모습을 스스로 확인하면서 아이는 발전합니다.

뻥 뚫린 아이 마음을 채워 주는 몸 놀이

초등학교 4학년 채원이의 엄마가 병으로 돌아가셨습니다. 아이는 멍하니 앉아 있기만 합니다. 아이의 뻥 뚫린 마음을 어떻게 채울 수 있을까요? 겨우 마음을 추스른 아빠는 아이의 그 빈 가슴을 '엄마 느낌'으로 채워 주기로 합니다. 힘없이 축 처진 아이를 안아서 의자 위에 세웁니다. 그리고 등을 돌려 등에 업습니다. 아이는 잠시 쭈뼛거리다 아빠 등에 업힙니다. 그러나 어색한 듯 몸을 뻣뻣이 세웁니다.
"아빠 등에 편히 엎드려. 아빠가 오랜만에 업어 줄게."

아이의 몸이 아빠 등에 편히 기댑니다.

"네가 어릴 때 아빠가 이렇게 자주 업어 주었는데 기억나니?"

"아니, 엄마가 업어 준 것만 기억나."

"맞아. 엄마가 맨날 너 업어 줬어. 아빠도 그 모습이 참 보기가 좋았어. 네가 엄청 편안하고 행복해 보였거든. 지금도 편안해?"

아이는 말이 없습니다. 아빠는 아이를 업은 채 한참 동안 거실을 왔다 갔다 합니다. 아이의 울음 참는 소리가 들립니다,

"채원아, 편히 울어. 일부러 참지 마. 엄마 보고 싶으면 보고 싶다고 말하고, 울고 싶으면 울고. 알았지?"

잠시 뒤 아이가 말합니다.

"아빠, 이제 내릴게."

아이의 얼굴이 조금은 편안해 보입니다. 아무것도 위로가 될 것 같지 않았는데 아빠도 조금은 마음이 편해집니다. 채원이와 아빠의 '어부바'는 한 달 동안 계속되었습니다. 그동안 채원이는 조금씩 안정을 찾아갔습니다. 여전히 엄마는 볼 수 없고 그립기만 하지만 그래도 이제 엄마 없는 시간을 아빠와 함께 잘 견뎌 낼 수 있을 것 같습니다. ☕

표정과 몸짓 언어가
더 강렬해요

"사랑해."

"말로만?"

사랑의 표현에 식상하고 믿음이 가지 않을 때 우리는 이렇게 말합니다. 혹시 우리 아이도 엄마 아빠의 사랑한다는 말을 이런 느낌으로 받아들이고 있지는 않을까요? 아이가 부모의 사랑한다는 말을 믿지 못할 때 엄마 아빠의 몸짓과 표정 언어는 무슨 말을 하고 있는지 살펴봐야 합니다.

지켜보는 사랑, 말없는 사랑. 이런 사랑은 요즘 아이들에게 잘 통하지 않습니다. 말없는 사랑이 사랑으로 느껴지려면 몸짓과 표정으로 말해야 합니다. 지켜보는 사랑이 사랑으로 느껴지려면 사랑의 시선이 아이에게 느껴져야 합니다. 표정과 몸짓이 동반되지 않은 사랑은 공허할 뿐입니다.

말에 힘이 없을 땐

초등학교 1학년 지석이는 학교에 가지 않겠다고 떼를 씁니다. 일주일에 2~3일은 아침마다 배가 아프다고 합니다. 입학한 지 한 달이 지난 뒤부터 나타난 증세입니다. 병원에서는 별 탈이 없다고 말합니다. 아침마다 학교 가는 문제로 엄마와 승강이를 벌입니다. 어떤 날은 학교를 쉬게 한 적도 있습니다. 그래도 점점 심해집니다. 그뿐만이 아닙니다. 같은 반 친구 엄마에게 지석이가 욕도 하고 가끔 친구들을 때리기도 한다며 조심시키라는 말도 들었습니다. 엄마가 모르는 사이에 지석이는 학교에 잘 적응하지 못하고 있을 뿐 아니라 과격한 행동까지 하고 있었던 것입니다.

지석이를 만났습니다. 처음 보는 낯선 어른에게 경계심을 보입니다. 공연히 쭈뼛거리고 눈도 잘 맞추지 않습니다. 아무 말도 하지 않고 잠시 지켜보니 손톱을 물어뜯기 시작합니다. 낯선 어른과 앉아 있으니 불안감이 심해지나 봅니다. 어린아이가 이런 행동을 보일 때 가장 먼저 살펴보아야 할 것은 엄마와의 관계입니다. 엄마와의 관계에서 안정감이 부족한 경우가 많으니까요.

지석이 엄마는 3년 전 동생이 태어나면서부터 지석이를 잘 보살피지 못했다고 합니다. 작은아이가 몸이 약해 신경이 많이 쓰이는 데다가 그전까지 지석이는 엄마가 그다지 간섭하지 않아도 자기 할 일을 잘 챙겨서 하는 아이라 별 걱정하지 않았다고 합니다. 상황이 이해가 됩니다. 지석이에게 가장 필요한 건 엄마의 사랑을 확인하는 일이겠지요.

뽀뽀, 포옹, 그리고……

지석이에게 오드리 펜의 《뽀뽀손》이라는 그림책을 읽어 주었습니다. "사랑이 필요한 세상의 모든 어린이에게"라는 말로 시작되는 이 책은 숲속 학교가 개학했지만 학교에 가기 싫어하는 꼬마 너구리 체스터의 이야기입니다. 더 넓은 세상으로 나가는 것이 두려운 아이에게 엄마의 사랑을 확인할 수 있도록 도와주는 내용입니다. 《뽀뽀손》은 지석이의 마음을 위로할 수 있을 것 같습니다.

책을 천천히 읽으니 지석이는 별말 없이 듣고만 있습니다. 몇 페이지를 넘겨 '뽀뽀손'이라는 말이 나오니 체스터와 똑같이 "뽀뽀손이 뭐예요?" 하고 묻습니다. "글쎄, 뭘까?" 이제 지석이의 눈맞춤이 자연스럽습니다. "넌 뽀뽀손 있니?" 하고 물으니 그게 뭐냐고 다시 묻습니다. 체스터의 손바닥에 엄마가 뽀뽀를 해 주자 뽀뽀손이 되는 장면을 보여 주었습니다. 다시 아무 말이 없어집니다. 제가 먼저 말을 걸었습니다.

"체스터는 좋겠다. 뽀뽀손도 있고."

"그러게요."

"넌 뽀뽀손 있니?"

"다른 거 없어요?"

딴전을 피웁니다.

"선생님은 뽀뽀손은 없어도 뽀뽀코는 있는데. 뽀뽀코."

"저도 그런 거 있어요. 우리 엄마도 옛날에 코에 뽀뽀해 준 적 있어요."

"그래? 난 뽀뽀이마도 있어."

"나도 있어요."

"진짜?"

"난 뽀뽀뺨도 있어."

"나도 다 있다니까요. 뽀뽀뺨, 뽀뽀팔, 뽀뽀다리, 뽀뽀눈도 있어요."

점점 목소리도 커지고 말하는 속도도 빨라집니다.

"좋겠다. 그런데 선생님은 다 옛날이야. 너무 옛날에 받아서 잘 기억이 안 나."

"난 별로 옛날 아니에요. 동생 태어나기 전엔 우리 엄마가 맨날 해 줬어요."

불쑥 동생 이야기가 나옵니다. 엄마는 지석이가 동생을 무척 아낀 다고 했습니다. 다른 집 아이들처럼 질투도 별로 하지 않고 오히려 잘 보살피니 동생 때문에 아이가 속상해하지는 않을 거라고 말했습 니다. 하지만 그렇다고 해서 엄마의 사랑을 동생이 차지했을 때 아이 가 느꼈을 외로움과 슬픔이 사라지는 것은 아니지요. 지석이의 마음 속을 가득 채운 불안과 외로움을 달래 줄 필요가 있었습니다.

지석이 엄마에게는 《주머니속 뽀뽀손》이란 그림책을 함께 읽도록 권했습니다. 체스터가 자신에게만 주었던 뽀뽀손을 엄마가 동생에게 도 주는 것을 보고 큰 슬픔과 배신감을 느끼는 이야기입니다. 지석이 의 마음이 그대로 표현되어 있어 말로 표현하지 못하던 지석이가 조 금은 속 시원한 느낌을 얻을 수도 있을 것 같습니다. 체스터의 엄마 는 형에게는 특별한 뽀뽀손이 필요하다는 말과 함께 엄마의 뽀뽀손 을 주머니에 넣어 줍니다. 엄마의 사랑을 둘로 나누는 것이 아니라는 것을 깨닫게 해 준 것입니다. 이 이야기는 어쩌면 지석이 엄마에게 더 필요한 이야기 같습니다. 지석이와 함께 책처럼 말과 몸짓, 그리 고 표정을 똑같이 해 보기를 권했습니다.

지석이 엄마는 하트 모양 스티커를 잔뜩 가져다 지석이의 온몸에 붙이는 놀이를 했습니다. 아기처럼 로션을 발라 주고 얇은 담요로 아이를 덮어 손발을 찾는 등의 치료놀이도 했습니다. 물론 놀이는 동생과 같이 해도 좋습니다. 동생이 있어서 아이가 불안한 것이 아니라 엄마의 사랑을 확인하지 못해 불안한 것이기 때문입니다. 오히려 동생과 함께 충족감을 느낀다면 더 큰 안정감을 얻고 성숙해질 수 있습니다. 지석이 엄마가 몸짓으로 표정으로 지석이에게 사랑을 전해 주니 신기하게 배가 아픈 증상이 줄어들기 시작합니다. 학교에 가지 않겠다는 말도 거의 하지 않습니다.

이제 지석이는 학교도 즐겁게 잘 다니고 친구와도 잘 지냅니다. 엄마는 학교 가는 아이에게 눈을 찡긋하고 입으로 뽀뽀하는 시늉을 해 줍니다. 지석이는 미소 지으며 큰 소리로 "다녀오겠습니다"라고 외칩니다. 엄마는 가끔 잠든 아이 머리맡에 하트 스티커를 놓아둡니다. 아침에 일어난 지석이는 엄마 품에 안기기도 하고 등에 업히는 시늉도 합니다. 지석이와 엄마는 사랑한다는 말보다 더 강렬한 몸짓으로 사랑을 확인합니다.

끝없이 엄마 아빠의 마음을
부정하는 건 좋은 징조랍니다

아이의 마음을 알아주기 위한 노력을 시작하면 아이의 행동이 단숨에 변화하는 걸 경험하기도 합니다. 부모의 말이 아이에게 잘 먹히는 것을 보는 것은 참 신기하고 새롭습니다.

하지만 그것도 잠시, 아이는 예전과 다르게 더 어리광을 부리고 떼를 쓰기도 합니다. 그동안의 설움과 속상함이 한꺼번에 밀려와 더 어리광을 부리는 퇴행적 행동이 나타나는 것입니다. "사랑해"라고 말하면 "몰라. 동생만 더 사랑하잖아. 난 없어도 상관없잖아"라며 더울고 더 크게 소리 지르기도 합니다. 또 한편으로 아이는 '이상하다. 엄마가 왜 이러지? 이러다 갑자기 또 혼내는 건 아닐까?' 하고 궁금해하기도 하고 의도를 의심하기도 합니다. 이런 아이는 무슨 말을 해도 "싫어. 몰라! 안 해"라고 외치기만 하거나 엄마 아빠 말을 들으려고 하지 않습니다. 이전보다 더 거칠고 난폭해지기도 합니다. 그래서 오히려 더 나빠진 것으로 보입니다. 아이를 너무 받아 줘서, 오냐오냐해 줘서 그렇다고 오해하시는 분도 계십니다. 그냥 예전처럼 "공부해", "빨리 씻어" 하는 식으로 지시하고 명령하면 될 일을 "피곤하구나", "속상하구나" 하고 있으니 아이가 부모를 우습게 알고 건방지게 행동한다는 것입니다.

절대 그렇지 않습니다. 어리광과 투정이 늘어나는 것은 이제 자신의 마음을 받아 줄 것 같아 그동안 눌렀던 감정들이 나오는 것입니다. 더 소리 지르고 더 떼를 쓰는 것은 이렇게 해도 자신을 받아 줄지 무의식적으로 확인하려는 것이지요. 부모님의 변화에 대한 기대감과 다시 예전으로 돌아갈지도 모른다는 불안의 표현으로 이해하면 됩니다. 엄마 아빠의 노력을 몰라주고 너무 오랫동안 애를 먹이는 경우도 가끔 있습니다. 그건 아이가 너무 고집스럽거나 문제가 많아 그렇다기보다는 아이의 불안과 두려움이 그만큼 더 크다는 신호입니다. 엄마 아빠를 많이 지치게 하는 아이는 부모의 사랑이 그만큼 간절한 것이겠지요. 좀 더 안정감 있게, 좀 더 넓은 마음으로 아이의 투정과 행동을 받아 주면 됩니다. 이런 모습은 나빠진 것이 아니라 변화의 좋은 신호이며 아이가 심리적 안정감을 되찾기 위해 거쳐야 하는 필수 과정이기도 합니다. 이 과정을 잘 통과하기 위해서는 아이가 투정을 부리고 떼를 써도 예전의 모습이 아닌 달라진 모습으로 아이를 안심시켜 주면 됩니다.

"엄마가 다르게 하니 불안하구나."

"엄마가 친절하게 말하다가 다시 예전처럼 혼낼까 봐 걱정되는구나."

아이가 너무 기세등등해요

아이가 기세등등해져 너무 까불거나 엄마를 무시하는 것 같은 기분이 드는 경우도 있습니다.

초등학교 5학년 동현이는 요즘 목소리가 커졌습니다. 엄마가 전과는 다르게 잔소리도 덜 하고 자기 마음도 알아주니 살맛 나는 것 같습니다. 그런데 동현이 엄마는 걱정되기 시작합니다. 아이의 의견을 들어주니 너무 까부는 것 같습니다. 자기가 대장인 것처럼 동생에게 잔소리하고 으스대기도 합니다. 엄마에게도 이래라 저래라 합니다. "엄마가 잔소리하신 거 제가 한 번만 봐 드릴게요" 하고 말할 땐 뭔가 잘못된 것 같은 느낌이 들기도 합니다. 혹시 엄마를 만만하게 보고 무시하는 건 아닐까 하는 생각이 들고 다른 사람이 보면 버릇없이 느껴질 수도 있을 것 같아 걱정되기도 합니다. 이런 경우에도 아이에게 걱정되는 마음을 솔직하게 전달하면 됩니다.

"네가 네 마음을 잘 표현하는 것이 정말 좋아. 하지만 요즘 엄마는 좀 걱정돼. 다른 사람이 있을 때 그렇게 말하는 게 버릇없이 보일까 봐. 그리고 한편으로는 엄마를 무시해서 아무렇게나 말하는 게 아닌가 하는 걱정도 들어. 엄마 말 들으니 넌 어떤 생각이 드니?"

그럼 아이는 자신의 생각을 이야기해서 진짜 대화를 나누게 될 것입니다.

어떤 아이는 이제야 때가 왔다는 태도로 기세등등하게 오래된 사건을 떠올리며 그때 왜 그랬냐고 따지기도 합니다. 그것도 무척 좋은 신호입니다. 이제 엄마에게 따져 볼 힘이 생겼다는 증거입니다. 엄마가 자기 말을 들어줄 거라는 기대가 생겼기에 나오는 행동입니다.

공약을 남발하지 마세요

가능하면 가짜 약속은 하지 않기 바랍니다. "절대 혼내지 않을게. 다시는 소리 지르지 않을게"와 같은 지켜지지 못할 약속은 하지 않기 바랍니다. 부모가 아무리 노력해도 절대 화내지 않고 혼내지 않고 소리 지르지도 않기는 어렵습니다. 그러니 차라리 솔직하게 말하고 노력하고 있다고 알리는 것이 더 바람직합니다.

무심코 "앞으론 화내지 않을게"라고 말한다면 아이는 그 말을 중요한 약속으로 기억합니다. 엄마는 참고 참다 어쩌다 한 번 화를 내도 바로 그 순간 아이는 엄마가 약속을 지키지 않았다는 생각에 더 원망할 수 있습니다. 그러니 진지하고 솔직하게 말해 주면 좋겠습니다. 엄마가 노력하는 것이 무엇이고 할 수 있는 것이 무엇인지, 노력해도 아직은 고치기 어려운 것이 무엇이고, 아무리 어려워도 꼭 바꾸고 싶은 것은 무엇인지 아이에게 말해 주기 바랍니다. 이렇게 하면 엄마의 변화 과정에 아이도 동참하게 됩니다. 힘들게 노력하는 엄마에게 힘이 되어 주기도 하고 위로해 주기도 할 것입니다.

"앞으로도 엄마가 화내거나 혼낼 수도 있어. 하지만 네 마음을 더 잘 알아주려고 노력할게. 혹시 엄마가 네 마음을 잘 몰라줄 땐 네가 먼저 말해 줘. 그럼 엄마도 금방 알아듣고 네 마음을 잘 달래 줄게."

좋아질 때까지 걸리는 시간은 아이마다 다릅니다. 한두 달 만에 금방 좋아지는 아이도 있고 퇴행적 태도로 징징거림이 더 길게 나타나는 아이도 있습니다. 어떤 경우든 조금만 힘내서 잘 버티고 견디기 바랍니다. 아이와의 행복한 관계가 기다리고 있을 테니까요.

보다 넓고 큰 눈으로
바라보는 대화

의사소통에는 크게 두 가지 기능이 있습니다. 내용 기능과 관계 기능이지요. 내용 기능은 사실적인 정보와 의견, 말하는 사람의 감정을 전달하는 것입니다. 반면 관계 기능은 말하는 정보가 상대에게 어떻게 받아들여지는지, 전달하는 과정에서 두 사람의 관계는 어떤 변화를 겪게 되는지 살펴보는 것입니다. 이를 알기 위해서는 새처럼 하늘 위에서 아래를 내려다보는 것이 좋습니다. 보다 넓고 큰 눈으로 지금 나누는 대화가 어떤 대화인지 살펴보는 것입니다. 나무만 보면 숲을 보지 못하듯, 대화 속에 머물러 있으면 우리가 나누는 대화가 결국 어디로 흘러가는지 놓치는 경우가 생깁니다. 그러니 높은 곳에 올라가 전체를 바라보는 겁니다. 그곳에서 보면 부모가 아이와 어떤 대화를 나누고 있는지 잘 보입니다.

대화에 대한 대화

엄마 아빠는 열심히 말하고 있는데 아이는 고개를 푹 숙인 채 듣고만 있기도 합니다. 딱 봐도 대화라고 말하기 어렵습니다. 아이를 위한다며 오히려 아이의 마음을 아프게 하고 있거나, 미래를 위한다는 명목으로 현재를 불행하게 만들고 있는 대화입니다. 큰 눈으로 바라본 대화가 제대로 된 대화가 아니라고 느껴진다면 이제 '대화에 대한 대화'를 나눌 때입니다. 새처럼 하늘에서 바라보고 알게 된 대화의 본질에 대해 아이와 진솔하게 이야기를 나누는 것입니다. 서로 이야기를 나눌 때 어떤 점이 좋은지, 어떤 점은 다르게 하고 싶은지 의견을 나누고 새롭게 대화의 규칙을 만드는 것입니다.

대화에 대한 대화에는 어떤 것들이 있을까요?

❶ 대화에 대한 아이의 생각을 물어보세요

"넌 엄마랑 이야기하는 것에 대해 어떤 느낌이 드니?"

"넌 엄마가 뭐라고 말할 때가 좋니?"

"엄마가 이렇게 말하는 거 어때?"

"엄마하고 이야기할 때 불편한 점이 있니?"

"어떤 점이 불편한지 이야기해 줄래?"

"엄마가 어떻게 말하면 좋을까?"

"내가 한 말을 들었을 때 어떤 느낌이 드니?"

"지금 내가 말한 것에 대해 함께 이야기를 나누고 싶은데, 어떻게 생각해?"

"엄마가 정확하게 말했는지 알고 싶어. 내 말이 어떻게 들렸는지 말해 줄래?"

❷ 대화에 대한 엄마의 생각을 말하세요

"엄만 너랑 이야기하는 게 좋아. 네 마음을 잘 알 수 있거든."

"우리가 대화할 때 이런 생각이 들어."

"네가 말할 때 좀 부드럽게 말해 주면 좋겠어."

"네가 혹시 약속을 못 지키면 어떡하나 걱정돼."

"이런 걱정을 혼자 생각하고 있는 것보다 너와 함께 이야기를 하는 게 더 좋을 것 같아."

"혹시 그 약속을 지키기 어려운 또 다른 이유가 있다면 이야기해 주면 좋겠어."

"네가 괜찮다고 하지만 네 표정을 보니 괜찮은 것 같지 않아."

우린 어떤 대화를 나누고 있나요?

"엄마, 아무 말도 하지 마세요. 엄마가 그렇게 말하면 난 정말 화가 난단 말이에요."

아이가 고학년이 되면 이런 말을 하기도 합니다. 엄마에게 아무 말도 하지 말라니 정말 괘씸하다는 생각이 듭니다. 하지만 아이의 말을 자세히 분석해 보면 말하지 말라는 뜻이 아닙니다. 말하는 건 괜찮은데 자신의 마음을 속상하게 하는 말을 하지 말아 달라는 뜻입니다. 이럴 때도 대화와 대한 대화를 나누면 좋습니다.

"네 말뜻은 엄마가 너를 속상하게 하는 말을 하지 않았으면 하고 바란다는 뜻이지? 미안하구나. 엄만 걱정돼서 말했는데 오히려 너를 속상하게 했구나. 엄마가 어떻게 말하면 좋겠니?"

"그냥 걱정된다고만 말해 주세요. 이래라 저래라 하지 마시고요. 그런 말 들으면 정말 답답하고 미칠 것 같단 말이에요."

대화에 대한 대화는 서로의 마음을 더 잘 알게 합니다. 성숙한 대화는 대화에 대한 대화로 채워져 있다고 해도 과언이 아닙니다. 그래서 대화에 대한 대화는 상처 받은 사람의 마음을 치료하는 방법도 될 수 있습니다.

엄마한테 혼난 다섯 살 아이가 울면서 말합니다.

"엄마, 거울 좀 보고 야단치세요."

"내 마음은 한 개도 없어."

"모두 엄마 마음뿐이에요."

아이는 엄마가 말할 때 어떤 느낌을 받는지 정확하게 말합니다. 엄마의 표정이 어떤지, 그래서 자신의 마음은 하나도 없고 엄마 마음대로 해야 한다는 답답함과 좌절감을 야무진 말로 표현합니다. 이렇게 말하지 않더라도 아이의 마음은 모두 그럴 것입니다.

대화에 대한 대화는 두 사람의 관계에 대한 이야기입니다. 한 사람의 말을 다른 사람이 정확히 이해했는지 서로 확인하는 것입니다. 그래서 오해를 줄이고 소중한 사람 간의 성숙한 '대화 문화'를 만듭니다. 서로 조율하고 호흡을 맞추어 연주하는 멋진 오케스트라처럼 대화에 대한 대화는 두 사람이 좋은 관계를 만들고 서로 이해하고 사랑하게 하는 훌륭한 악기가 됩니다. 🍵

너무 힘들 땐
엄마의 엄마를 생각해 보세요

아이를 키우면서 불안하고 힘든 시간이 훨씬 더 많다면, 그럴 땐 잠시 멈추기 바랍니다. 더 좋은 대화법을 배우려고 애쓰지도 마세요. 더 좋은 교육 정보를 하나라도 더 알려고 노력하지도 마세요. 그저 모든 걸 잠시 멈추고 천천히 내 마음을 바라보세요.

우리 엄마는 어떻게 키우셨을까요?

자식을 키우는 게 너무 힘이 들 땐 엄마의 엄마를 떠올려 보세요.

우리 엄마는 나를 어떻게 키우셨을까요? 우리가 커 가는 것이 우리 엄마에겐 늘 기쁨이고 축복이었을까요? 우리 엄마가 그렇게 느끼실 만큼 나는 잘 자라났을까요? 그렇다고 대답할 자신은 없습니다. 우리는 스스로가 아주 멋지게 잘 자랐다고 생각하지 못하는 것 같습니다. 그러기에 자식들을 더 멋지게 키우고 싶은 것이지요. 우리 부모님들은 별로 멋지게 성장하지 못하는 우리를 보면서 어떻게 그 과정들을 견뎌 내셨을까요? 여든이 되신 저희 어머니는 "그래도 내 자식이니까. 허물이 있든 없든 내 자식이니까"라고 말씀하십니다. 아마 이런 마음으로 부족하고 아픈 자식의 모습을 고스란히 가슴에 담으실 수 있었던 것 같습니다.

전 별로 열심히 공부하지 않는 아이였습니다. 고등학교 시절 조금만 노력하면 성적이 오를 수 있을 것 같은데 열심히 하지 않는 제 모습을 보며 어머니는 무척 안타까우셨나 봅니다. 친구만 좋아해 친구들과 어울리는 데 정신이 팔린 저를 보며 얼마나 속상하고 답답하셨을까요?

고3 어느 날 어머니는 저에게 제가 좋아하는 친구 두 명을 집으로 데려와 같이 지내자고 말씀하셨습니다. 전 너무 신이 났습니다. 자나 깨나 함께 있고 싶은 친구들과 같이 살 수 있으니 두말할 나위가 없었습니다. 친구들도 신났습니다. 둘 다 어머니한테 허락을 받고 저희 집에서 함께 학교를 다녔습니다. 저희 어머니는 아침마다 도시락을 여섯 개나 쌌습니다. 1인당 점심과 저녁 도시락 두 개씩입니다. 각자 간식으로 사과 한 개와 먹음직스러운 식빵 한 덩이도 넣어 주셨습니다. 세 아이의 아침 식사로는 누룽지를 끓여 주셨습니다. 누룽지를 끓일 때 주걱으로 으깨면서 끓이면 숭늉 맛이 훨씬 더 구수해진다며 그 바쁜 와중에도 누룽지를 으깨고 계셨습니다. 그렇게 두 달간 저를 위해 새벽잠을 설치셨습니다. 철없던 저는 즐겁고 좋기만 했습니다. 24시간 내내 좋아하는 친구와 함께 밥을 먹고 잠을 자고 학교에 가니 그렇게 신나고 즐거울 수 없었습니다.

그렇다고 성적이 오르진 않았습니다. 조금이라도 오르길 바랐던 어머니의 마음을 채워 드리지 못한 것이 30여 년이 지난 지금도 죄송합니다. 하지만 그 일은 두고두고 생각해도 제가 부모가 되어서도 감히 엄두도 못 낼 일입니다. 그걸 살아가면서 늦게야 알게 되었습니다.

"엄마, 왜 이렇게 우리한테 잘해 주세요? 우리가 못 갚아 드리면 어떡하죠?"

"엄마도 외할머니한테 이렇게 배웠어. 사랑은 내리사랑이란다. 네가 감사하다고 느낀다면 엄마한테 갚을 생각 하지 말고 네 자식들한테 잘해 줘."

제가 닮고 싶은 엄마의 모습도 있고 절대 그렇게 살지 않겠다고 결심한 엄마의 모습도 있습니다. 엄마가 마음에 들면 감사하고 사랑하는 마음이 가득합니다. 엄마 때문에 지칠 때면 멀리 떨어져 있고 싶습니다. 하지만 그중에서 시간이 갈수록 마음에 남는 건 엄마에 대한 감사와 감동과 사랑입니다.

엄마는 이미 알고 있습니다

《쿠슐라와 그림책 이야기》는 유전자 이상으로 신체장애와 정신장애를 동시에 갖고 태어난 쿠슐라의 이야기입니다. 온종일 아파서 칭얼대는 아이를 달래기 위해 엄마는 그림책을 읽어 주기 시작합니다. 아픈 아이가 병원에서 견뎌야 하는 그 지루한 시간을, 밤낮으로 깨어 있는 아기와 무엇을 하며 보낼까 생각하다가 책을 보여 주게 된 겁니다. 시각과 청각에도 이상이 있고, 손발을 조절하는 능력도 없고, 등과 다리는 흐늘거리고, 경련을 일으키는 아기는 엄마가 읽어 주는 그림책을 보려고 했고 엄마의 목소리를 귀 기울여 들었습니다. 그래서 쿠슐라의 엄마는 책을 읽어 주면서 아주 잘한다는 느낌이 들었습니다.

쿠슐라가 태어난 1971년 당시 뉴질랜드 병원에서는 한밤중에 보호자가 옆에 있을 수 없었습니다. 엄마는 아침에 아이가 칭얼거리는 걸 보면 밤새 잠을 제대로 못 자고 울고 있었던 걸 알 수 있었습니다. 아이가 괴로워하는 걸 보고 분명 잘못된 방법이라는 걸 알았습니다.

엄마는 딸이 밤새 병원에 혼자 있는 일이 절대 두 번 다시는 없도록 하겠다고 결심합니다. 이렇게 아이에게 좋은 것이 무엇인지 마음으로 알아차리는 엄마가 있어 쿠슐라는 심리학자들이 놀랄 만한 정서적 안정과 신체 성장, 그리고 지능 발달을 보입니다. 그리고 이 책의 작가 도로시 버틀러는 쿠슐라의 엄마의 엄마입니다. 쿠슐라의 외할머니입니다. 쿠슐라를 키우는 자신의 딸을 지켜보며 쓴 이야기입니다. 엄마의 엄마가 쓴 이야기는 지금 엄마인 우리에게도 아주 큰 감동과 깨달음을 줍니다.

머리로 배운 것은 모두 다 내려놓기 바랍니다. 엄마는 아이에게 무엇이 좋은 일인지, 무엇이 꼭 필요한 것인지, 무엇이 진정으로 아이를 위하는 것인지 마음으로 알게 됩니다. 아이를 위한 판단에 자신이 없거나 불안해진다면 잠시 눈을 감고 마음으로 느껴 보세요.

'우리 아이에게 정말 좋은 일일까?'

'우리 아이가 나중에도 행복해하고 감사하게 생각할까?'

잘하고 있다는 느낌, 아이를 곁에서 지키는 게 옳다는 확신을 가진 쿠슐라의 엄마처럼 우리 아이를 위한 최선이 무엇인지 알게 될 것입니다. ☕

사랑하는 우리 아이를 위해

엄마의 엄마와 함께

웃었던 기억이 나시나요?

그럼 지금 여기에서

아이와 함께 웃어 보세요.

엄마의 엄마에게

감사한 마음이 드시나요?

그럼 지금 여기에서

아이가 감사할 수 있는 일을 해 보세요.

엄마와 행복했던 아이는

오늘 학교에서 즐겁게 지낼 것입니다.

엄마와 좋은 생각을 나눈 아이는

학교에서 또다시 좋은 생각을 떠올릴 것입니다.

엄마의 사랑으로 충만한 아이는

그 사랑을 친구들에게 나누어 줄 것입니다.

엄마의 따뜻한 말 한마디로

아이는 멋진 하루를 살아갈 것입니다.

직장 엄마가 아이와
헤어지고 만날 때

 아침에 헤어질 때

출근할 때 엄마는 아이가 울까 봐 몰래 나가는 경우가 많습니다. 엄마가 갑자기 사라진 뒤 아이는 울다 멈추겠지만 그 불안감은 마음속에 오래 남습니다. 아이 몰래 나가지 마세요. 전날 저녁 엄마가 내일 아침에도 출근한다는 사실을 미리 말해 주세요. 그리고 하루 종일 아이를 생각하다 저녁이면 돌아온다는 사실도 말해 주세요. 엄마가 출근했다가 꼭 돌아올 거라는 사실을 알게 되면 헤어질 때 힘이 들긴 해도 상처는 작아집니다. 엄마랑 헤어질 때 뽀뽀를 몇 번 하면 좋을지 아이에게 물어봐 주세요. 껴안기는 몇 분 동안 하면 좋을지도 물어봐 주세요. 엄마 목소리가 듣고 싶으면 전화를 해도 된다고도 말해 주세요. 아이는 엄마가 없는 낮 시간 동안 엄마 없이 버틸 수 있는 마음의 힘이 필요합니다.

다시 만났을 때

　아침에 헤어졌다 저녁에 만나는 것이지만 아이에게는 무척 길고 힘든 시간일 수 있습니다. 힘껏 껴안아 주세요. 아이와 함께 웃어 주세요. 만나서 하루의 회포를 풀어 주세요. 회포란 마음속에 품은 생각이나 정을 뜻합니다. 하루 동안 쌓여 있던 아이에 대한 엄마의 마음을 아이에게 충분히 전해 주세요. 그리고 엄마를 보고 싶었을 아이의 마음을 알아주세요. 초등학생이라면 숙제는 다 했는지, 학원에 다녀왔는지 물어보는 것은 나중으로 미루어 두세요. 아이에게 사랑을 전하는 일이 가장 먼저입니다. 만남과 헤어짐의 의식을 제대로 치르기만 해도 아이는 건강한 마음으로 잘 자랄 수 있습니다.

 하루에 한 번 이상 꼭 함께 웃어 주세요

　서로 껴안고 얼굴을 보며 웃어 주세요. 저녁에 아이랑 만나 무슨 대화를 나누며 웃을까에 대한 고민을 하기 바랍니다. 예쁜 꽃이 피는 봄이라면 작은 꽃을 하나 따서 아이의 얼굴을 간지럽혀 보세요. 더운 여름이라면 시원한 얼음 과자를 몰래 사 와서 아이 등에 넣어 보세요. 낙엽 지는 가을이라면 낙엽을 몇 장 주워 와서 아이 머리에 뿌려 보세요. 흰 눈 내리는 겨울엔 작은 눈뭉치를 아이에게 던져 보세요. 아이가 얼마나 좋아할까요? 하루 동안 엄마를 그리워한 마음이 몽땅 씻겨 내릴 것입니다.

아빠는 여기만 보세요!
아빠의 통 큰 대화

 아이와 통하는 신호 만들기

엄마와 아빠는 다릅니다. 대부분의 일상을 함께하는 엄마의 말은 일
상의 때가 묻어 큰 효과를 발휘하지 못하는 경우가 많습니다. 반면 아빠
의 대화는 한마디를 해도 아이의 마음에 크게 자리 잡습니다.

 아빠가 해 주는 칭찬의 힘

"엄마, 아빠가 나보고 대단하대."

대한민국 아빠는 엄마보다 훨씬 말이 적습니다. 마음을 표현하는 횟
수도 적습니다. 그래서 아이들에겐 아빠의 한마디가 무척 강렬합니다.
그 강렬함을 제대로 살려 아이를 칭찬해 주세요. 엄마처럼 구체적으로
말하지 않아도 됩니다. "너, 멋있더라", "우리 딸 최고!", "우리 아들 멋있
어!"라고만 해도 됩니다. 이런 건 아빠의 특권인 것 같습니다. 앞에서 내

내 구체적으로 마음을 전달하는 것에 대해 읊어 놓고, 아빠는 한두 마디만 하면 된다고 하니 엄마들은 억울할 수도 있겠습니다. 하지만 어쩌겠습니까. 사실인걸요.

 통 큰 아빠는 큰 세상을 보여 줍니다

"저기 하늘을 보렴."

이 말에 하늘이 갑자기 무척 높고 크고 넓어 보입니다. 넓은 하늘만큼 나도 크고 넓은 사람이 되는 것 같습니다.

"살다 보면 별일 아니란다. 힘내!"

이 말에 금방 죽을 것 같이 힘들게 느껴지던 일이 갑자기 가벼워집니다. '그래, 이까짓 것 별거 아니야'라는 생각이 들고 힘이 납니다.

"뭔가 잘 안 되나 보네. 혼자 하다 힘들면 아빠가 도와줄게."

이 말을 들으면 갑자기 든든해지고 끝까지 한번 해 볼 수 있을 것 같습니다. 통 크게 넓은 세상을 보여 주세요.

"네가 원하는 건 뭐든지 이룰 수 있단다. 네가 하고 싶은 대로 한번 해 봐."

이런 말을 들은 아이는 도전과 모험이 두렵지 않습니다. 엄마는 시시콜콜 아이의 행동을 통제하고 간섭하기 일쑤지만 아빠는 통 크게 아이의 마음을 이해합니다. "해 보고 싶은 대로 한번 해 보고 그다음에 다시 잘하면 되지"라는 말은 아이가 세상에 도전할 수 있는 용기와 힘을 줍니다. 이런 게 통 큰 아빠가 건네는 대화의 힘입니다.

아이는 커 가는데
부모는 똑같은 말만 한다

초판 1쇄 발행 2013년 2월 15일
초판 3쇄 발행 2014년 10월 6일

지은이 이임숙
펴낸이 이지은 **펴낸곳** 팜파스
책임편집 김민정
교정교열 허지혜 **디자인** 조성미 **마케팅** 정우룡
인쇄 (주)미광원색사

출판등록 2002년 12월 30일 제 10-2536호
주소 서울시 마포구 서교동 404-26 팜파스빌딩 2층
대표전화 02-335-3681 **팩스** 02-335-3743
홈페이지 www.pampasbook.com | blog.naver.com/pampasbook
이메일 pampas@pampasbook.com

값 14,000원
ISBN 978-89-98537-01-2 (13370)